普赖斯的知觉论批判
——经验论的知觉图式探源

PULAISI DE ZHIJUE
LILUN PIPAN
JINGYAN LUN DE
ZHIJUE TUSHI TANYUAN

邓明艳 ◎ 著

中央民族大学出版社
China Minzu University Press

图书在版编目（CIP）数据

普赖斯的知觉理论批判：经验论的知觉图式探源／邓明艳著. —北京：中央民族大学出版社，2023.1

ISBN 978-7-5660-2125-0

Ⅰ.①普… Ⅱ.①邓… Ⅲ.①普赖斯—分析哲学—研究 Ⅳ.①B561.59

中国版本图书馆 CIP 数据核字（2022）第 187101 号

普赖斯的知觉理论批判：经验论的知觉图式探源

著　　者	邓明艳
责任编辑	满福玺
封面设计	汤建军
出版发行	中央民族大学出版社
	北京市海淀区中关村南大街27号　邮编：100081
	电话：（010）68472815（发行部）　传真：（010）68932751（发行部）
	（010）68932218（总编室）　　　（010）68932447（办公室）
经 销 者	全国各地新华书店
印 刷 厂	北京鑫宇图源印刷科技有限公司
开　　本	787×1092　　1/16　　印张：11
字　　数	178 千字
版　　次	2023 年 1 月第 1 版　　2023 年 1 月第 1 次印刷
书　　号	ISBN 978-7-5660-2125-0
定　　价	60.00 元

版权所有　翻印必究

目　录

第一章　导论 …………………………………………………… 001
　第一节　本书主要讨论的问题 ……………………………… 001
　第二节　文献综述 …………………………………………… 013
　第三节　本书结构 …………………………………………… 016

第二章　20世纪初的知觉理论 ………………………………… 020
　第一节　直接实在论 ………………………………………… 022
　第二节　间接实在论或因果推导论 ………………………… 036

第三章　普赖斯对感觉予料的重新界定 ……………………… 044
　第一节　对感觉予料的产生及其特征的重新规定 ………… 044
　第二节　感觉予料之间的关系 ……………………………… 051

第四章　普赖斯论知觉行为 …………………………………… 061
　第一节　知觉接受 …………………………………………… 061
　第二节　知觉确信 …………………………………………… 073
　第三节　普赖斯对知觉行为的处理所存在的问题 ………… 082

第五章　普赖斯论物质事物 …………………………………… 086
　第一节　我们如何认识物质事物 …………………………… 086
　第二节　普赖斯的物质事物论述存在的问题 ……………… 098

第六章　评述 …………………………………………… 109
　　第一节　普赖斯知觉理论的几个问题 …………………… 110
　　第二节　另一种知觉哲学的可能 ………………………… 133
　　第三节　结语 ……………………………………………… 146

参考文献 ……………………………………………………… 149
后记 …………………………………………………………… 158

第一章 导　　论

第一节　本书主要讨论的问题

一、知觉的科学研究及其哲学基础

就人类的实际经验而言，我们总是不断地感知到各种不同的东西。比如，我们总是看到某些事物、闻到各种气味、听到不同的声音等。只要我们具备健全的感觉器官，保持正常的身体状态，在适当的环境条件下，我们就能获取种种经验。这些经验可以称之为感官知觉经验。[①] 我们通常认为通过这些感知经验，可以获得独立于我们的外部世界也即周边环境的各种信息。对知觉的科学研究以这一常识为前提，对感知经验产生的过程和因果机制进行研究，以便考察我们如何获取、处理和解释关于外部世界的信息。在这些科学研究中，生理物理学试图发现特定的感觉刺激和人的特定感觉系统做出的反应之间存在怎样的关系。神经生理学则对特定感官感觉产生的生理机制进行研究。比如，视觉的产生取

[①] 为表明其在知觉哲学领域中意义的差别及其使用语境的不同，也为方便起见，在本书中将统一把"perceive"和"perception"译作"知觉（到）"，把"sense"译作"感觉"；把"percipient"译作"感知者"；在不同语境把"perceptual"译作"感知的"或"知觉的"，而把"sensory"译作"感觉的"。

决于视网膜对具有特定强度和波长等的光刺激的反应。而心理学的奠基人冯特（Wundt, W.）则试图通过实验的方式找到知觉的基本结构或其原子成分，与同时期以密尔父子为代表的感觉主义类似。① 在心理学的发展进程中，先后出现了各种不同的研究进路。比如，格式塔心理学、建构主义（Constructivist）、直接知觉②、信息计算处理、神经生理学方法、认知神经科学方法等。③ 这些不同的心理学流派各自以格式塔、建构主义、直接知觉或计算处理作为基本的研究范式，并以之作为对感知经验一般结构的理解和认定。在具体研究中，这些范式给出各自的假设前提，作为研究的出发点。在此前提下，研究者借助神经生理学的研究成果，以实验观察的方式对神经通信（neural communication）和神经系统功能进行研究，试图对特定感知经验发生的整个因果过程给出科学的解释。比如，在视觉研究中，任何一种心理学流派都需要详细说明感知者在获取作为末端原因的近端刺激的信息包时，需要具备怎样的条件。具体言之，研究者需要考察环境布局中包含的信息与感知者接受的光所包含的信息之间的关系以及光与其相应的视觉侦测器（detectors）之间的关系。在研究时，他们通常会设计一些实验，试图对近端刺激和环境布局进行分割，以考察相互间的关系。

这些不同的学科作为对知觉的科学研究，在方法上有颇多共同之处。比如，它们都设定某些前提，以实验的方式获得某些重要的事实和证据，再把这些实验事件分解为各种条件。在对知觉进行研究的各种实验中，研究者通过把知觉发生的整个因果过程进行条件分解，剥除其中的主观成分，以保证其实验结果的客观性和实验的无限可重复性。实验通常需要特定的仪器作为辅助工具，以发现神经元的分布、功能、接收刺激的范围等各种事实。在实验之后，研究者会使用一套专门的科学语汇对其实验结果进行说明和解释。最重要的是，它们都试图用感知经验背后那些我们经验不到的事实和因果机制来对知觉的发生做出解释。

---

① 关于感觉主义的介绍可参见本书第二章。
② 代表人物为吉布森（Gibson, J. J. 1904—1979）。关于其观点的介绍，可参见本书第六章。
③ 心理学中的知觉研究方法综述可参见 Hymlyn, D. W. Sensation and Perception: A History of the Philosophy of Perception [M]. London: Routledge & Kegan Paul, 1961: 7-8。

第一章 导 论

那么这些对知觉的科学研究与知觉哲学具有怎样的关系呢？在最一般的意义上，我们可以说被科学作为前提接受下来的感知经验一般结构是在哲学中提出的。如希夫曼所说，传统上我们一般区分感觉和知觉，感觉意指那些直接的和基本的经验，如对红、吵、暖的感觉等。而知觉意指"意义、关系、文本、判断、过去经验和记忆都起作用的心理过程的产物"①。但回溯这种区分传统，我们仍会发现它来自从古希腊开始对知觉进行哲学研究的整个哲学传统。

不仅如此，对感知经验的一切科学研究都默认了对知觉（感知经验）本质的实在论理解，也即它们都承认在感知经验中我们以某种方式经验到外部世界。如上所述，科学的任务是探寻各种感知经验背后看不见摸不着的因果机制，对感知经验的发生给出一种异于日常经验的精确的科学解释。这一目标要求科学从第三人称视角出发、用各种精密的仪器对他人的特定感知经验进行研究。感知经验能够把握外部实在的有效性不仅是科学研究的默认前提，而且也贯穿在他们以观察和实验为主的整个研究过程之中。但这一至关重要的前提是由什么加以保证的呢？感知经验真的能够把握外部实在吗？若真如笛卡尔所言，我们自以为看到太阳、星辰、树木，听到优美的音乐，但那都不过是一场漫长的梦境中发生的事件，或不过是不可知的上帝或魔鬼为我们的心灵输入的观念，那么我们如何还能断言我们的感知经验是对实在的把握？本书的主要任务就是以普赖斯的知觉理论为中心，探讨其知觉哲学中的实在论问题在经验论传统下的出现，并对其解决方案做出系统的反思。

二、近代经验论传统中知觉问题的缘起

（一）简述经验论的知觉理论及其问题

作为近代经验论之父，洛克在其认识论中首次全面系统地贯彻经验论

---

① Schiffman, H. R. Sensation and Perception: An Integrated Approach[M]. 5th ed. New York: John Wiley & Sons, Inc., 2000:3.

的基本原则,即坚持我们心灵中的一切观念都产生自经验(感觉和内省或反省)。而观念是"心灵在自身中知觉到的任何东西",是"心灵在思想中所能使用的一切",它是"知觉、思想、理智的直接对象"。① 观念又被洛克分为简单观念和复杂观念。简单观念的获取是完全被动的,也即不论人愿意与否,都不能拒绝、改变、抹去或生造出它来。通过对经验获取的简单观念进行区分、相似性比较、抽象和综合等活动,洛克认为,我们能够察知观念之间的一致或差异,并因此获得知识。其中有三类关于实存的知识,即"我存在""上帝存在""感觉知识"。感觉知识是从外感觉获得的观念推导出的关于周边事物的知识。在洛克看来,尽管外物的存在是不可经验的,但它可以作用于我们的感官,使我们产生关于事物性质的观念。② 不可感的物质微粒通过运动对我们的感官施加作用,最终在我们的心灵中出现坚硬、广延、形状、运动或静止、数量等表征(represent)事物第一性质的简单观念,以及颜色、声音、气味等表征事物第二性质的简单观念。洛克认为,事物的第一性质的确在事物中存在,并且那些关于事物第一性质的简单观念如实地表征了它。③ 而那些表征物体第二性质的简单观念,则是由物体自身的能力借由其第一性质作用于我们的感官产生的,它不表征事物中的任何性质。

洛克的知觉理论一般被称为表征论。④ 它坚持外部事物性质与相应观念的产生具有因果关系,并且其中的第一性质观念如实地再现了外部事物的性质。但这一理论的困难在于,既然我们在感知中只能经验到观念,那么我们如何能保证这些观念(哪怕是其中表征物体第一性质的简单观念)如实地再现了外部事物性质呢?进而,既然我们关于外部事物

---

① Locke, J. An Essay Concerning Human Understanding [M]. in two volumes. Vol. 1. New York: Dover Publications, 1959: 32-169.

② Locke, J. An Essay Concerning Human Understanding [M]. in two volumes. Vol. 1. New York: Dover Publications, 1959: 171-172.

③ Locke, J. An Essay Concerning Human Understanding [M]. in two volumes. Vol. 1. New York: Dover Publications, 1959: 173.

④ 在本书第二章中将处理的间接实在论或知觉因果论部分地继承了洛克的知觉理论。相应地,它所面临的问题也是洛克的知觉理论所面临的问题(详见第二章第二节)。此外,贝内特(J. Bennett)指出,洛克的知觉表征论导致"知觉帷幕说"(veil-of-perception doctrine),它把"真实事物"置于知觉之外(详见第六章第一节)。

第一章 导 论

的知识都是从这些外感觉获得的观念推导得出的,那么我们如何能保证这种推导是有效的呢?洛克自己也意识到这一问题,他说:"既然心灵除了自己的观念外再也知觉不到别的什么,它怎么知道观念和事物相一致呢?"① 洛克承认我们关于周边事物的知识没有像"我存在"那样的直觉知识和"上帝存在"的演绎知识所具有的确定性,也不能把握周边事物的本质,但在他看来,关于周边事物的知识可以满足与生存有关的一切需要。至于如何消除对外部事物独立存在并具有如此这般性质的怀疑,洛克则没有给出回答。

在《人类知识原理》一书中,贝克莱批驳这种知觉表征论。其批驳主要从以下两个层面展开。第一个层面是从感觉相对性入手质疑第一性质和第二性质的区分。比如,同一盆水一只手感觉热、另一只手感觉冷;再如,我们一时把硬币看作圆的,一时把它看作椭圆或长方形的。这些例子都说明不管是对事物的第一性质还是第二性质的经验都是主体依赖的。贝克莱进一步指出,我们不可能脱离特定的颜色等第二性质去知觉某个物体的广延或形状等第一性质。综上,我们对第一性质的经验并不比对第二性质的经验更客观。第二个层面是对外部事物有独立于人的存在提出质疑。贝克莱指出,把物质实体解释为各种性质的支撑物实际上什么也没说,"支撑"在这里只是个比喻。不同于柱子支撑屋顶,我们不知道物质实体在什么意义上"支撑"了各种性质。进一步,既然在经验中我们只知觉到各种观念,而推论又是在这些观念之间做出的,那么不论是经验还是推论,都不可能让我们证明独立于知觉的外部事物的存在。退一步,即使真的有独立于人的外部事物存在,它也不可能是我们心灵中各种观念的原因。因为物理的存在怎么可能是心理事件的原因呢?此外,它的性质也不可能和我们从知觉中获得的观念一致或相似。因为观念只能与观念相似。通过对表征论的批驳,贝克莱最终取消了观念之外的事物存在,坚持世界上只有心灵和观念。

此外,贝克莱还对洛克的观念学说加以改造,认为诸如空间、抽象的

---

① Locke, J. An Essay Concerning Human Understanding [M]. in two volumes. Vol. 2. New York: Dover Publications, 1959: 228.

005

普赖斯的知觉理论批判

白色或形状等观念并非如洛克所说是简单的,因此是我们可以直接经验的对象。相反,贝克莱认为,它们都是我们从具体经验中具体的白色和具体的形状知觉中抽象出来的。比如,贝克莱认为,对于空间的认识和把握只能是长期习练的结果。他给出的主要论据是距离并非直接的感觉对象,"因为它是终结于眼睛的一条线,不论这条线长或短,眼睛这一点都是不变的"①。贝克莱由此得出结论说,"空间、外部和处于特定距离的事物都不是视觉对象","只有灯光和颜色是视觉的直接对象"。② 按照贝克莱对知觉经验的理解,一个天生的盲人突然获得视力,他也不可能仅凭视觉辨别出球体和立方体。因为在他看来空间性质既非内在于知觉主体的空间直观能力,也非感知的直接对象,而是和语言一样从经验中获得的习惯。进而,我们也不可能抽象出脱离具体存在事物知觉的一般存在观念。相反,我们关于存在的思考总是对某个事物存在的思考。最终,一切观念都是以对特殊的、具体的事物和性质之经验为基础。

休谟接受贝克莱关于简单观念的分析,即他同意简单观念是不可区分或分离的观念,而诸如时间、空间及其他普遍概念都是复杂观念,这些复杂观念不代表简单知觉中的任何东西,而是心灵对简单观念的抽象和加工的产物。③ 但休谟不同意贝克莱关于存在的规定。④ 在他看来外物独立于观念存在的自然信念如此之强烈,这使得贝克莱的解释难以令人信服。⑤ 而一种哪怕是基于逻辑的学说,如果它"反对常识,那么逻辑自身的资格就必须接受检视"⑥。休谟一方面坚持彻底的经验论立场,即他坚持我们关于存在的一切知识都来自感觉经验;另一方面,他试图为我们的关于外部事

---

① 转引自 Schwartz, R. ed., Perception [M]. Malden and Oxford: Blackwell, 2004: 18.
② Schwartz, R. ed., Perception [M]. Malden and Oxford: Blackwell, 2004: 21.
③ Hume, D. Hume Selections [M]. Hendel, Ch. W. ed. New York: Charles Scribner's Sons, 1955: 10.
④ 关于存在即被感知,贝克莱给出了基于常识的、先验的和基于物质不可能是观念的原因的三种论证。但他这三种论证都有各自的问题,其结论最多是我们思考某物存在时必定蕴涵我们对该物的感知。关于这三种论证的分析,可参见 Meyers, R. G. Understanding Empiricism [M]. Chesham: Acumen, 2006: 32-37。
⑤ 休谟. 论道德原理论人类理智 [M]. 周晓亮, 译. 南京: 译林出版社, 2010: 199-201.
⑥ Hume, D. Hume Selections [M]. Hendel, Ch. W. ed. New York: Charles Scribner's Sons, 1955: viii.

物实存的信念给出解释。

为坚持经验论立场的彻底性,休谟的策略大致是这样的。首先,他把洛克的观念进一步区分为印象和观念。简单印象是我们在感觉中被动接受的对象,是它们在灵魂中的首次显现,而简单观念则是简单印象的摹本,它来自简单印象并与之相符。① 复杂印象和复杂观念之间则没有这种一一对应的关系。其次,休谟认为,既然我们只能以印象和观念为对象,那么我们的一切知识和信念都必须也只能以它作为最终的基础。休谟由此得出他的第一条基本原则,即"印象优先原则"。凭借这一原则,休谟取消了洛克关于观念双重来源的解释,认为一切观念最终都来自感觉印象并且都可以还原为最简单的感觉印象。进而,既然我们对简单的感觉印象的知觉是最原始的、不可再分的最小单位,而一切复杂的知觉都是由简单的印象感觉②组成,那么我们就可以以此为标准对一切复杂的知觉经验进行分析,直至把它还原为简单的感觉印象。至于简单感觉印象产生的原因,休谟认为这超出了我们经验的范围,因此是不可知的。③ 至此,经过休谟的改造之后,经验成为相互独立的简单感觉印象的复合物,而简单感觉印象作为彼此独立的原子式存在,即使"我们发现它们之间有联系,那一定是我们想象或虚构出来的"④。进而,休谟指出,从第一原则出发,新物理学的知识就不应当如洛克那样不加质疑地接受为真;相反,其真实性和有效性也必须接受检视。⑤ 在他看来:

---

① 休谟. 论道德原理论 人类理智 [M]. 周晓亮,译. 南京:译林出版社,2010:9-12.
② 休谟在其书中并没有区分感觉和知觉,他基本上把我们对简单印象的觉知称为知觉。为与全文保持一致,我将统一把他所说的对简单感觉印象的知觉称为感觉。
③ 关于外物的独立存在,休谟一方面意识到我们对之有极其强烈的信念,另一方面他认为既然推导只能是因果的推导,而因果关联只能存在于经验范围之内,那么独立于感知的外物存在就不可能成为原因。休谟意识到两者之间的矛盾,但他没能找到一种解决办法。参见 Hume, D. Hume Selections [M]. Hendel, Ch. W. ed. New York: Charles Scribner's Sons, 1955: xvi-xvii。
④ 休谟. 论道德原理论 人类理智 [M]. 周晓亮,译. 南京:译林出版社,2010:120. 休谟的这种经验理解被19世纪上半叶的感觉主义所继承,又影响了20世纪早期的感觉予料理论。
⑤ 洛克没有处理从观念到外物的推导如何可能的问题,也没有质疑新物理学的合法性基础。如迈耶斯所说,洛克只是为观念的来源提供一种不同于笛卡尔理论的选择,休谟则要证明我们关于世界和外物的信念都以经验、联想和习惯为基础。洛克认为,自己在为科学的发展清理垃圾;休谟则认为,自己在建立关于人的本质的新的真理系统。Meyers, R. G. Understanding Empiricism [M]. Chesham: Acumen, 2006: 56.

普赖斯的知觉理论批判

"显然,所有科学都与人类本质有着或多或少的联系;不论它们看起来能跑离它多远,它们仍然要以这样或那样的路径回到。甚至数学、自然哲学和自然宗教,也以某种方式依赖于人的科学;因为它们属于对人的认知,也要受到人们的力量和能力的审判。"①

休谟为自己制定出人性(human nature)科学研究中的三原则,即以经验和观察为基础,以最少的基本原则来解释所有经验以及坚持最少假设或尽可能避免假设。②

从这些原则出发,在《人类理智研究》第一卷中休谟对我们的时间、空间概念及因果律等逐一进行检视,最后断定它们都是理解我们的知觉或经验的一些心灵倾向或习俗。它们不来自我们的感觉、记忆或理性,而来自我们的想象能力对我们的印象和观念的重构,是想象重组了我们的印象和观念,使得它们具有时空秩序和因果联系。当与印象 A 相似的印象和与印象 B 相似的印象在经验中多次相继出现时,我们就获得了与这些印象相应的观念组成的观念集 X 与观念 Y 之间的联系或 X 与 Y 的恒常会合。在此后的经验中,当与 A 相似的某一个印象或与 B 相似的某一个印象再次出现时,我们就会自然地根据 X 与 Y 的联系产生习惯性联想,对未来的经验做出预测。进而,随着经验的增多,我们就会通过逐渐增多的观念以及观念之间的联想,培养出一些固定的习惯。这些习惯为我们的经验或对观念的知觉赋予了时空连续性,并让我们做出因果推导,也让我们在未来不断地整合我们的经验。

那么我们如何从经验中获得关于外部事物实存的信念呢?休谟认为,我们的一切经验知识或与外部存在相关的知识都来自对简单感觉印象的感

---

① Hume, D. Hume Selections [M]. Hendel, Ch. W. ed. New York: Charles Scribner's Sons, 1955: 2-3.

② Meyers, R. G. Understanding Empiricism [M]. Chesham: Acumen, 2006: 54-55. 在《人类理智研究》中休谟把人类理性或研究的对象和知识分为两类,一类以观念的关系为对象,由此我们仅通过直观和演绎就可以获得关于观念的数量关系和逻辑关系的知识;一类以实际的事情为对象,它依赖于我们根据经验做出的推理,构成我们的经验知识。休谟关于两类知识的划分基于他对观念之间关系的分析,在前一类知识中考察的是观念之间的相似、相反、性质程度和数量比例关系,这几种关系的特征是只要观念不变,那么观念之间的关系就不变。因此它们可以成为精确而确定的知识。后一类知识考察的是同一、时空和因果关系,这几种关系无法仅从对观念自身的考察获得,因为相同的观念可以具有不同甚至相反的关系而不会出现矛盾。

觉和记忆，我们对感觉和记忆的信任是出自本能的。这种信任使得我们在某一个简单感觉印象产生时，我们会根据该感觉印象产生某物当下存在的强烈信念，尽管我们不可能知道该感觉印象的产生与该物的存在具有怎样的关系。进而，基于对感觉和记忆的信任，我们可以对未被知觉的事物做出更为复杂的推导。但这些推导的做出都基于我们对感觉和记忆出自本能的信任，也即我们相信基于感觉自发地相信的东西都有真的可能性以及我们记得的东西有内在的可信性。这种信念的基础是什么呢？

休谟只说信念具有想象或虚构的观念所不具有的生动程度和力度，但这并不能为信念之为信念做出说明，想象的观念当然可以比相信的观念更生动。进而，仅凭信念的生动程度和力度将为区分真实感觉印象和虚假感觉印象以及真实对象实存和虚假对象实存带来困难。更进一步的困难是，我们如何能依据恒常会合原则从经验推导出某物具有独立于人的感知的存在？比如，我可以依据经验假设性地推导出这台电脑在我离开时还会在这儿，但我不能依据经验假设性地推导出这台电脑即使没有被任何人看到，它也会一直在这儿。但我们对于外物的独立存在又有着如此强烈的自然信念。我们可能依据经验对这种信念的产生做出解释吗？显然不能。如上文所说，既然推导只能是因果的推导，而因果关联只能存在于经验范围之内，那么独立于感知的外物持存就不可能是仅从经验就能推导得出的。休谟意识到两者之间的矛盾，但他没能找到一种解决办法。① 休谟自己就说，他只能说明感觉继续存在的信念是如何形成的，而无法说明脱离主观感觉的外部事物存在信念是如何形成的，"因为理性从未在经验中找到任何可信的证据，来证明知觉与任何外界对象有联系"②。

我们关于外部事物实在性的信念如此强烈，它是我们最为基本的自然信念和生活常识，但我们竟然无法从经验和理性为它做出辩护。这是我们的理性本身的有限性所导致的吗？还是别的什么原因造成的？20 世纪早期继承经验论传统的实在论者坚信我们可以用理性来为外部事物的实在性做出辩护。由此，如何处理我们感知经验中直接获得的是原子式的、简单的

---

① Hume, D. Hume Selections [M]. Hendel, Ch. W. ed. New York：Charles Scribner's Sons, 1955：xvi-xvii.
② 休谟. 论道德原理论人类理智 [M]. 周晓亮，译. 南京：译林出版社，2010：149.

感觉印象，进而我们如何以这样的经验方式来为独立于感知经验的外部实在做出辩护，就成为此后继承经验论传统，同时又坚持实在论的知觉理论需要解决的核心问题。

（二）里德（Reid, T.）对该问题提出的解决方案

苏格兰常识学派的奠基人里德比休谟年长一岁。他敏锐地看到经验论中以观念作为经验对象的问题。他对这一问题的解决是诉诸直接实在论，即坚持在感知经验中我们直接经验的对象是外部事物而非内在于心灵的观念。他把感官知觉区分为感觉和知觉两种行为，认为知觉不同于感觉，它是对外部对象的直接意识和把握。而感觉尽管由外部对象引起，但它和外部对象毫无相似之处，因此我们不可能从感觉获得外部对象的任何知识。最终，尽管任何感官知觉都是感觉和知觉相伴一体发生，但真正让我们经验到外部世界的只能是知觉行为，而感觉在里德的理论中变成了认知无涉的。① 由此，里德的知觉理论导向了不同于贝克莱的另一个极端。他的解释显然与我们对感知经验的常识理解不符。因为我们通常认为，当某一感官活动并产生特定的感觉内容时，这些感觉内容所呈现的性质是外部对象而非我们意识中存在的性质。尽管里德坚持感觉的认知无涉，并认为感觉内容与外部对象毫无相似之处；但在解释错觉和幻觉的情况时，他又认为错觉和幻觉的出现主要是因为感知者对感觉内容做出错误的判断所导致的。② 的确，在大多数感知经验发生时，构成判断的要素或材料都来自感觉而非知觉，如这个苹果是红色的、圆的、香的等。尽管这些要素不是构成判断对象的全部，但起码是其中非常重要的一部分。对于它们，我们不能简单地将其视为与认知无涉的。总之，尽管里德的知觉理论解决了我们在感知发生时如何经验到外部对象的问题，但其理论内部有很多不相容和前后矛盾之处。此外，里德对经验的解释明显不同于以洛克为代表的经验论者的解释。在他看来，我们可以以知觉的方式直接经验到外部对象，而

---

① Reid, T. Essays On the Intellectual Powers of Man [M]. Cambridge and London: the M. I. T. Press, 1969: 111-112, 243-249.

② Reid, T. Essays On the Intellectual Powers of Man [M]. Cambridge and London: the M. I. T. Press, 1969: 311-321.

非如洛克所说，只能以观念为直接经验对象。这样的解决方法没有为我们感知经验中丰富的感觉现象或感觉内容留下位置。①

三、普赖斯知觉理论的产生背景

近代经验论的前提在20世纪初发展为感觉予料（sense datum）② 理论。简单地说，这种理论认为，在感知中我们觉知（aware）外部世界的最基本途径是感觉或亲知，而对外物的知觉则必须被还原为感觉。亲知的对象被他们称为感觉予料或所予。它是所有感知经验发生时，被直接给予感知者的唯一对象。对感觉予料的获取是概念无涉、绝对确实和不可怀疑的。这种理论就被称为感觉予料理论。它最早由摩尔提出。③ 这种理论认为，当感知经验发生时，无论这种经验是真实的还是错误的或虚幻的，都蕴涵着感知者在当下意识到某个具有特定性质的对象。在错觉和幻觉的情况下，这种对象及其性质只存于感知者的心灵之中。这种对象就被称为感觉予料。基于真实的感知经验与错误和虚幻的感知经验极其相似、难以区分，并且彼此之间时常处于连续转换之中，因此予料论者断定在真实的感知经验中我们意识到的对象也只能是感觉予料。视觉经验由此被刻画成"S具有一个F性质的视觉经验，当且仅当S感觉到一个具有F性质的感觉予料D"④。最终，在一切感觉经验中我们直接感觉的对象都只能是感觉予

---

① 本书第四章将对里德的知觉理论做进一步介绍。

② "datum"在英汉辞典中被翻译为"材料、资料、数据"。这个词源自拉丁文，原意是"被给予的东西"（something given）。当 datum 与 sense 组合成"sense datum"，它在英语词典中意指"知觉的直接对象，感觉印象"。考虑到在中文里"材料"一词没有"被给予的东西"这层含义，并且它通常意指只需加以加工整理即可成形的物件（如化工材料、建筑材料）或信息（如人事材料、采访的一手材料）；因此在本书中我将借鉴陈嘉映教授在《感觉与可感物》一书中的译法，把 datum/data 译为"与料"，把 sense datum/data 译为"感觉与料"。但"与"在中文里除了有"给"的意思之外还有很多其他意思，而"予"则专指"给"。并且"给予"比"给与"更为常用。为避免歧义，在本书中将使用"予料"和"感觉予料"。

③ 摩尔于1910年的系列讲座中首次引入"感觉予料"。这些讲座最后以《哲学的一些主要问题》为题于1953年出版。摩尔在其中关于感觉予料的讨论可参见该书第29–38页。他引入感觉予料作为感觉的对象，以与之前使用的感觉（sensation）相区别。摩尔认为，后一术语通常既被用来指感觉经验，又用于指经验的对象。

④ 该表述借用自 Fish, W. Perception, Hallucination, and Illusion [M]. New York: Oxford, 2009: 16.

料。予料论者还赋予其作为"所予"的不可纠正和不可置疑性,最终感觉予料成为我们获取外部世界经验知识的基础和媒介。

问题在于,如果错误和虚假的感觉予料和真实的感觉一样都是不可置疑的和真实的,那么幻觉和错觉本身要如何被合理地解释?进而,感觉予料与外部世界之间究竟存在一种怎样的关系呢?在感觉予料理论内部,由于对知觉和感觉对象的不同解释,对以上问题有三种不同的回答。

一种是间接实在论或因果推导论,它把知觉理解为:当某人知觉到某物时,即意味着某物在他的心中引起某感觉予料。换言之,我们只能通过获得的感觉予料,以间接的方式经验到外部事物。由此,我们关于外部对象的一切知识都经由从感觉予料到作为其原因的外部对象的因果推导获得。而错觉和幻觉的产生则来自对感觉予料产生原因的错误推导。关于这种理论的具体观点及其困难,我将在第二章第二节详细论述。

除了因果推导论之外,还有一种现象主义的观点。① 它否认有任何形式的对外部对象的知觉行为,认为外部对象不过是感觉予料的逻辑构造。由此我们关于外部对象的所有知识都必须被还原为相应的感觉予料命题,并通过感觉予料命题获得证实。② 在现象论者看来,真实感觉予料与虚假感觉予料的区分仅在于它们在逻辑构造物中所占有的不同位置。这种现象主义的观点及其问题我将在本书第五章进行处理。

作为第三种解决方案,普赖斯的知觉理论是感觉予料论者中比较特殊的一种。他深受里德的影响,坚持本体论层面的实在论立场,同时反对因果推导论者的知觉解释模型,因此他认为,在感知经验中我们不仅直接感觉到感觉予料,而且也以某种方式直接知觉到外部对象。以此为基础,他

---

① 在此要区分知觉哲学中的现象主义和本体论层面的唯心论。前者把外部物事还原为感觉印象或观念,而不考虑这些感觉印象或观念的本体论地位。而唯心论则是对这些感觉印象或观念的本体论断定。现象主义者既可以是一个唯心论者,如贝克莱;也可以是一个实在论者,如在本书第二章中将要介绍的新实在论。

② 在此可以简单地提及,以艾耶尔为代表的这种现象主义已经远离了对知觉本身的哲学研究。它不是要思考和回到感知经验本身,而是要为我们的经验知识提供不可错的基础。对知觉的分析试图证明我们的感知经验是对实在的把握,因此是有效的。而现象主义则要用不可置疑的前提和逻辑方法来构造出经验知识大厦。关于对感知经验的逻辑构造能否带来真知识这一问题,我们需要牢记休谟的洞见,即经验知识不可能具有像数学推理那样的必然性。后者受逻辑的制约,推理错误将导致矛盾。而经验知识的推导不受单一逻辑的辖制,它总是可错的。

在经验论内部提出一种最为系统和全面的知觉理论。其理论可以看作对休谟的极端经验论和里德的常识理论的融合，也即他既接受感觉内容或感觉印象的直接性和丰富性，也坚持我们通过感知经验获取外部事物独立存在的信念。

本书的首要任务是对普赖斯的解决方案是否成功的探究。笔者的基本看法是，尽管他的理论试图在感觉予料理论内部为实在论进行辩护，并部分地解决了因果推导论及现象主义的问题，但它仍然失败了。普赖斯的亲现象主义解释最终也无法消除对外部实在的怀疑。本书将说明，普赖斯的失败根植于经验论所依赖的基本前提，即以观念、印象或感觉予料作为直接经验对象。这一前提必然导致知觉之幕的问题。此外，本书将进一步挖掘该前提背后的形而上学根源，探索其深层症结。本书旨在说明一种健全的知觉理论构想必须克服由近代科学开出的形而上预设及其世界图景，把感知经验重新放回健全的生活世界中。

第二节　文献综述

普赖斯在 1932 年出版的《知觉》（Perception）一书中对他的知觉理论做了最为详尽的阐述，也是本书最重要的参考文献。在这本书的开篇，普赖斯就做出感觉和知觉两种不同行为的区分，并坚持感觉到特定感觉予料是所有感知经验中共有的基本要素。普赖斯在这本书中的主要任务是说明知觉意识的本质以及感觉予料和物质事物之间是一种怎样的关系。为完成这一任务，普赖斯首先批驳当时非常盛行的间接实在论或因果推导论对这两个问题的解释。这种理论认为，知觉意识就是从结果到原因的有意识或无意识的推导过程，而物质事物就是作为产生感觉予料的原因存在的。在本书第一部分，普赖斯重申感觉予料和感觉行为的实在性。在第二部分则着重讨论了以素朴实在论为代表的直接实在论（第二章和第三章）和因果推导论（第四章）对知觉的解释。本书第三部分（第五章）则详细阐明了普赖斯自己对感觉予料的本质、其本体论地位的理解。在第四部分（第

六、第七章）普赖斯提出了自己对知觉意识的理解。在本书最后一部分（第八章至第十章）普赖斯讨论了感觉予料与物质事物之间的关系。普赖斯在本书中的观点可以简单概述为，知觉意识是不同于感觉且不可被还原为感觉的一种意识类型。感觉予料通过与其所属的予料家族之间的关系（其中的核心部分、变形部分或根本不属于任何予料家族），让我们获得判断真实感知经验和幻觉、错觉的标准。此外，他于 1940 年出版的《休谟关于外部世界的理论》(Hume's Theory of the External World) 一书，假借休谟的知觉理论，对感觉予料之间的关系进行了不遗余力的探讨。该书对普赖斯的知觉理论做了非常重要的补充，也是本书的主要参考文献之一。

在第二章介绍普赖斯知觉理论的产生背景时，本书主要参考文献之一是哈姆林的《感觉与知觉》① 一书。在这本书中，哈姆林以哲学史的方式系统地梳理了知觉问题从古希腊时期的产生，历经中世纪经院哲学，到近代笛卡尔等人的发展，直至 20 世纪的感觉予料理论。通过对该书的阅读，我们可以对感觉予料理论在产生之初的承袭与对抗有更具体的认识。而这一理论恰是普赖斯知觉理论之生成的重要背景。此外，赫斯特选编的《知觉与外部世界》② 一书收纳了从洛克到 20 世纪早期（包括摩尔、罗素、普赖斯、艾耶尔和奥斯丁等人）多位哲学家在知觉理论中的代表性论著。在当代的相关著作中，施瓦茨选编的《知觉》③ 一书节选了从亚里士多德到当代知觉研究中若干重要文献的相关章节。这两本书都为本书的文献选择及阅读提供了详细的指南。费什撰写的《知觉哲学》④ 一书，对 20 世纪的感觉予料理论及其在当代的发展给出了系统的阐述。就感觉予料理论的产生而言，摩尔在 20 世纪初所写的《对唯心论的反驳》和《知觉对象的性质与实在》两篇文章⑤以及罗素于 1912 年出版的《哲学问题》⑥ 一书，无

---

① Hamlyn, D. W. Sensation and Perception: A History of the Philosophy of Perception [M]. London: Routledge & Kegan Paul, 1961.

② Hirst, R. J. ed., Perception and the External World: Readings Selected [M]. New York: Macmillan & London: Collier-Macmillan, 1965.

③ Schwartz, R. ed., Perception [M]. Malden and Oxford: Blackwell, 2004.

④ Fish, W. Perception, Hallucination, and Illusion [M]. New York: Oxford, 2009.

⑤ Moore, G. E. Some Main Problems of Philosophy [M]. London: Allen & Unwin; New York: Macmillan, 1953.

⑥ Russell, B. The Problems of Philosophy [M]. London: Oxford University Press, 1912.

疑都具有里程碑的作用。同时，它们也是普赖斯知觉理论成型的重要理论资源。在以摩尔和罗素为代表的实在论背景下，20世纪初出现了几种不同的以实在论为前提的知觉理论，它们被称为素朴实在论、选择理论、"显得"理论（the theory of appearing）和因果推导论。前三种均属直接实在论。这四种理论是普赖斯在《知觉》一书中的主要批驳对象。其中，选择理论最早是由霍尔特（E. B. Holt）在新实在论的背景下提出的，集中表述于他的《在实在世界中错觉经验的位置》一文中①。霍尔特试图以这种理论来解决素朴实在论无法解决的幻觉问题。在《我们关于外部世界的知识》②一书中，罗素也曾提出过类似的知觉解释模型。而视角实在论和"显得"理论则集中表述于麦吉尔夫雷的《视角实在论》③一书中。至于普赖斯在《知觉》一书中的另一批驳对象，即因果推导论，本书则主要借鉴艾耶尔和科恩合著的《知觉的因果理论》一文④。

在本书中还涉及对现象主义的处理，尤其在第五章笔者将对普赖斯的理论和现象主义进行比较。对于和普赖斯同时期的现象主义，本书主要参考艾耶尔在《语言、真理与逻辑》⑤和《经验知识的基础》⑥两本书中以及在《现象主义》⑦一文中的相关论述和艾耶尔本人的观点。而阿姆斯特朗的《知觉与物理世界》⑧一书，则对现象主义提出了最为全面和致命的反驳，是本书评述现象主义的重要参考文献。

贝内特的《洛克、贝克莱、休谟：核心论题》⑨对近代以来的知觉理

---

① Holt, E. B., Marvin W. T., Montague W. P., Perry, R. B., Pitkin W. B. and Spaulding E. G. The New Realism [M]. New York: Macmillan, 1912.

② Russell, B. Our Knowledge of the External World as a Field for Scientific Method in Philosophy [M]. 2nd ed. London: George Allen and Unwin, 1926.

③ McGilvary, E. B. A Perspective Realism [M]. La Salle: The Open Court, 1956.

④ Ayer, A. J., Cohen, L. J. The Causal Theory of Perception. Proceedings of the Aristotelian Society [J]. Supplementary Volumes 51, 1977: 105-125, 127-141.

⑤ Ayer, A. J. Language, Truth and Logic [M]. 2ND ed. London: Victor Gollancz, 1946.

⑥ Ayer, A. J. The Foundations of Empirical Knowledge [M]. London and Basingstoke: Macmillan, 1979.

⑦ Ayer, A. J. Phenomenalism [M]. Proceedings of the Aristotelian Society, New Series, Vol. 47, 1946—1947: 163-196.

⑧ Amstrong, D. Perception and the Physical World [M]. New York: Humanities Press, 1961.

⑨ Bennet, J. Locke, Berkeley, Hume: Central Themes [M]. Oxford: Clarendon Press, 1971.

论中的知觉之幕、观念作为知觉对象的由来和物质实体及其第一性的质、第二性的质等问题做出了极有创见的分析,启发了作者对以普赖斯为代表的近代以来的知觉理论做出较为系统的反思。而凯利的《感官的证据》[1]一书、斯诺登的《知觉经验的对象》(*The Objects of Perceptual Experience*)、《知觉、视觉和因果》(*Perception, Vision, and Causality*) 等文章和麦克道维尔的《标准、可击败性和知识》(*Criteria, Defeasibility, and Knowledge*) 等文章作为挣脱近代形而上学各种预设前提,探索新的知觉理论的有益尝试,为本书第六章第二节的写作提供了不少灵感。

在中文文献中,作者主要参考了韩林合的《维特根斯坦〈哲学研究〉解读》和《分析的形而上学》、周晓亮的著作《休谟》和译著《人类理智研究》及陈嘉映的《说理》和《哲学 科学 常识》等文献。

在本书的写作过程中,特别要提及方肯斯坦(Funkenstein, A.)的《神学与科学想象力》以及伯特的《近代物理科学的形而上学基础》。他们对近代科学哲学史的翔实研究是本书立场和观点的重要来源。

第三节 本书结构

本书第二章着重介绍 20 世纪早期经验论内部提出的几种知觉理论、其面临的问题及普赖斯在《知觉》一书中做出的相应评述。在第一节中主要介绍以素朴实在论、选择理论和"显得"理论为代表的直接实在论。这几种理论把感觉对象混同于知觉对象,认为我们在感知时所获得的一切都来自对知觉对象的直接经验。由此它们在解释幻觉问题时遭遇到这样或那样的困难。在第二节中介绍间接实在论(也被称为因果推导论)。这种理论认为,我们直接经验到感觉予料而非外部对象,但是外部对象可以作为感觉予料的产生原因并以理性推导的方式被我们知道。正如普赖斯所说的那

---

[1] Kelley, D. The Evidence of the Senses [M]. Baton Rouge and London: Louisiana State University Press, 1986.

第一章 导 论

样,假如我们无法以某种方式经验到外部对象,单靠因果推导我们也无法证明感觉预料的产生必定是由以如此方式存在的外部对象引起的。并且,如果外部对象无法被经验,那么它与感觉预料之间的因果关联也只能是一种纯理论的假设。我们无法用假设的或虚构的联系去证明某物在事实上的存在。

由于第二章中几种知觉理论的失败,引入普赖斯的知觉理论就是理所当然的了。普赖斯的知觉理论明确区分感觉对象(感觉预料)和知觉对象。在普赖斯看来,外部对象的存在及性质,并非如因果推导论者所说,只能通过理性推导的方式间接地获知。相反,他认为,我们必定以某种方式直接地经验到外部对象。如此一来,普赖斯亟待处理的问题就是知觉对象与感觉预料之间、知觉意识与感觉意识之间的关系问题。

要说明前一种关系,首先需要对感觉预料的性质做出重新分析和界定。这也是本书第三章的内容。

这一章第一节着重介绍普赖斯对感觉预料的产生及其特征的重新规定。在普赖斯看来,感觉预料在产生之时就具有某种复杂结构,或者说它总是出现于"预料总体"或某个视域、触域之中,与其他感觉预料同时产生且具有某种时间或空间关系。感觉预料并非如此前的预料论者所认为的那样,只能以最为简单的原子形式存在。在论述感觉预料的特征时,普赖斯尤其强调感觉预料可以具有复杂的时空形式。此外,普赖斯还强调感觉预料的外部指涉特征,即认为任一感觉预料都对相应的外部对象有呈现(presentation)功能。正是这种外部指涉的特征,使得我们可以通过感觉预料了解相应的外部对象的各种可感性质。

这一章第二节着重介绍普赖斯在《知觉》和《休谟关于外部世界的理论》两本书中对感觉预料之间关系的论述。在各种感觉预料中,普赖斯认为,视觉预料和触觉预料内在的客观时空连续关系是我们整合所有感觉预料的基础。其中,视域和触域的立体感特征及其相互间的时空关系,使我们以如此这般的方式知觉外部世界成为可能。而知觉者通过多次观察获得的预料系列之间的相似性及其他关系,可以对记忆中的众多感觉预料进行整合,并最终获得对某一知觉对象各种性质的认识。此外,普赖斯强调在对众多记忆中的感觉预料进行整合时,空间连续关系比时间接续关系更为基础和重要。因为单靠时间接续关系，我们仅能在记忆中构想出某个事件或过程，但无法获得一个三维封闭整体的对象记忆。而要想构建出某个三维封闭整体，我们必须依靠感觉予料之间的空间连续关系。普赖斯认为，通过对感觉予料的整合，我们最终可以获得对应于任一知觉对象的特定感觉予料家族。这一予料家族呈现其知觉对象的所有可感性质。由此，对任一知觉对象的知觉都必定被表现为或伴随着对相应予料家族中某感觉予料的感觉。在这个意义上，我们可以说感觉予料是相应知觉对象的重要组成部分。在第五章关于物质事物的论述中我们将会看到，普赖斯的确如此处理知觉对象和感觉予料之间的关系。

本书第四章重点处理普赖斯对知觉行为的论述。因为要了解知觉与感觉之间的关系，首先需要明确何为知觉。

本章第一节介绍普赖斯对知觉接受的分析。由于普赖斯对知觉的分析直接受到里德相关理论的影响，因此在本节的第一部分将首先对里德的知觉理论进行概述。在普赖斯看来，知觉接受是知觉行为中的初级阶段，或者说知觉接受是对任一知觉对象的存在和性质获得"最初印象"的单一知觉行为。普赖斯对这种单一知觉行为的分析，在本节中被分为知觉意识的基本结构、知觉接受的一般形式、对知觉接受的生理学解释及普赖斯的反驳三部分展开论述。

本章第二节处理普赖斯所说的知觉确信。在普赖斯看来，知觉确信是经由一系列知觉行为相互间的详述和确证之后完成的。在这一过程中，感知者通过不断产生新的感觉予料，获得该知觉对象性质的更多信息，并由此确信该知觉对象存在并具有如此这般的性质。普赖斯把一般的知觉确信或我们对物质事物实在性的一般知觉意识解释为一种不可被还原的基本意识类型。借此，普赖斯认为，我们就可以避免对外部对象实在性的怀疑态度。尽管知觉意识是一种基本的意识类型，但普赖斯认为，通过它我们只能获得外部世界存在的理性信念。但这种理性信念或知觉确信不能成为知识。本节分为系列知觉行为相互间的详述关系、知觉确信的证实问题和知觉确信作为理性信念三个部分，对普赖斯的相关论述进行系统介绍。

本章第三节将对普赖斯给出的知觉行为解释提出质疑，并认为普赖斯对知觉行为和感觉行为关系的这种处理方式将导致他更加接近现象主义而非实在论的立场。

本书第五章着重介绍普赖斯有关物质事物的分析。本章共分两节,第一节"我们如何认识物质事物"由"对感觉予料家族的认识""对物质事物因果特性的认识""物质事物的构成"三部分组成。通过这一节的论述,我们将发现在普赖斯关于物质事物的论述中,感知者对其可感性质和因果特性的认识,都必须借由感觉予料才能实现。第二节"普赖斯的物质事物分析中所存在的问题"由"更接近现象主义而非实在论的解释"和"知觉对象的公共性问题"两部分组成。在第一部分通过把普赖斯的观点与艾耶尔的观点进行比较,说明普赖斯想要给出实在论立场的知觉理论的意图以失败告终。第二部分则着重说明普赖斯知觉理论中的最大问题,即他试图用可能的感觉予料来解决予料家族和相应的知觉对象的公共性问题。我将证明普赖斯的这种尝试是失败的。知觉对象的公共性不可能由任何形式的感觉予料构建得以实现,而只能诉诸外部对象及其性质对感知者的知觉可入。

通过对普赖斯关于感觉予料、知觉意识和物质事物的系统分析,最终我们有理由认为,普赖斯的实在论立场在他的知觉理论中并未得到辩护。其知觉理论真正说来是一种现象主义的知觉理论,而物质事物和知觉意识都必须借助感觉予料加以描述。其理论失败的原因何在呢?笔者将在第六章分析其理论中两个最核心的问题。其一是普赖斯对感知经验的描述直接继承了洛克的简单观念作为直接经验对象的传统,由此阻隔了在感知层面心灵与外部实在的接触。这就是贝内特所说的"知觉之幕"的问题。其二是普赖斯不加怀疑地认定了感觉予料的实体性存在。与其他予料论者一样,他试图借此解决感知经验中的错觉和幻觉问题。但事实证明,这样的解决方案非但不能成功;反而强化了唯心论的本体论预设,增加了为实在论辩护的难度。坚持显象与实在、物质第一性的质与第二性的质及感觉予料感觉与物质事物知觉两分的总体思路导源于心物二元的本体论设定。为了充分地理解这一本体论设定,本书将把它放回到近代科学开出的总体世界图景之下进行审察。在本章第二节笔者将首先比较斯诺登和麦克道维尔给出的两种析取主义理论,以此阐明为了对感知经验做出恰当解释,重新思考感知经验、语言与实在之间关系的必要性。

第二章 20世纪初的知觉理论

普赖斯的知觉理论，产生于20世纪早期的英美经验哲学背景下。这一经验哲学派别由摩尔、罗素等人开创。他们最主要的哲学立场是本体论层面的实在论，因为其最主要的哲学任务是对唯心论的反抗。[1] 在对感知经验的解释方面，他们的理论在某些方面承袭甚至复兴了18—19世纪的感觉主义。

19世纪上半叶在英国非常盛行的感觉主义源自18世纪的哈特利，他于1749年写成《对人的观察》（*Observations on Man*）一书。哈特利的哲学思想受到洛克经验论的影响。他把洛克的经验论推到极致，即放弃洛克赋予心灵的反思和独立产生观念的能力，用观念联想来解释所有复杂观念的由来。在哈特利看来，感觉是由神经在接受刺激后的振动产生的，每一个神经都以独特的方式振动，产生不同的感觉。因此每一个神经为某个单一感觉或经验负责，由此获得的感觉也是原子式的。这些感觉的观念是简单观念。心灵通过相似性联想，从简单观念进一步构造出复杂观念。感觉主义最具代表性的人物是詹姆斯·密尔（Mill, J., 1773—1836）和约翰·斯图尔特·密尔（Mill, J. S., 1806—1873）父子。他们的感觉主义理论有两个突出特征，一是坚持所有心灵内容都能还原为感觉，二是坚持这些感觉是原子的、点状的。进而，对于对象的知觉也必须且只能还原为感觉才能得到解释。约翰·斯图尔特·密尔甚至认为，物质即意味着感觉的永久可能

---

[1] Hamlyn, D. W. Sensation and Perception: A History of the Philosophy of Perception [M]. London: Routledge & Kegan Paul, 1961: 172.

第二章 20世纪初的知觉理论

性，由此成为一个彻底的现象论者。①

感觉主义在19世纪后半叶受到布拉德雷（Bradley, F. H.）、詹姆斯·沃德（Ward, J.）、威廉·詹姆斯（James, W.）和伯格森（Bergson, H.）等人的驳斥。他们否认有原子式的感觉存在，认为那只是事后分析的结果，并强调感觉和知觉的区分。此外，他们也否认感觉主义者所强调的"无思维的纯感觉"的存在，认为在感觉中至少要有心灵或意识的专注。而知觉则是有概念和判断参与的心灵活动的结果。② 在《显象与实在》③一书中，布拉德雷采取一种极端的唯心论立场，将经验总体等同于实在。由此他否认有经验之外的他物存在，因此追问在未被感知的情况下外物是否存在对布拉德雷而言是一个没有意义的问题。最终无论是感知抑或思想，都逃不出作为唯一实在的经验总体。

在这样的哲学背景下，以摩尔、罗素为代表的20世纪早期经验论首先接受感觉主义关于感觉的某些论述；同时坚持本体论层面的实在论立场，以与布拉德雷为代表的唯心论立场相抗衡。因此在处理知觉理论时，他们首先坚持独立于心灵之外的某种实在的存在。当然，在经验论内部，对实在的具体规定各有不同。有人认为这种实在就是我们日常经验到的那些事物，有人则认为实在以某种物理原子或逻辑原子的形式存在。但他们的知觉理论都以实在论为基本前提，并在此基础上进一步解释我们的感知经验以及感知经验与实在之间的关系。在他们看来，感知经验是我们获取关于实在的知识或信息的最基本途径。比如，罗素在《逻辑原子主义哲学》一书中寻求世界构成的终极实在——逻辑原子。在他看来，作为亲知对象的个殊（如红）就是一种典型的逻辑原子。④ 通过对感知经验的重新解释，这些经验论者试图证明在感知经验中，我们的确以某种方式经验到心灵之

---

① Hamlyn, D. W. Sensation and Perception: A History of the Philosophy of Perception [M]. London: Routledge & Kegan Paul, 1961: 147-157.

② Hamlyn, D. W. Sensation and Perception: A History of the Philosophy of Perception [M]. London: Routledge & Kegan Paul, 1961: 158-171.

③ Bradley, F. H. Appearance and Reality: A Metaphysical Essay [M]. Oxford: Clarendon Press, 1930.

④ Russell, B. The Philosophy of Logical Atomism [M]. London and New York: Routledge, 1972: Introduction & Part 2.

外的存在。比如,普赖斯在《知觉》一书开篇即点明,本书的目的是以视觉、触觉经验为主检视感知经验,并以此为基础审察我们关于物质事物存在信念所做的辩护。①

为了完成这一任务,实在论者首先要处理心灵之外的被感知对象与呈现于心灵的感觉内容之间是什么关系,其次要解释感知行为与这两种对象之间具有怎样的关系。根据对这两个问题的不同解释,在20世纪初出现了几种不同的知觉理论。下面将概述20世纪初在普赖斯之前出现的这些理论以及各自理论中存在的问题和困难。

第一节 直接实在论

在知觉理论中,有一类观点认为,凡是显现给我们的(在感觉中所经验到的内容)都是实在的,是物质事物内在性质的直接呈现。持有这类观点的人通常被称为直接实在论者。在知觉理论中他们认为:

首先,感觉即知觉,感觉对象就是知觉对象或至少是知觉对象的一部分。因此,当我看(摸)这张桌子时,我看(摸)到的就是此时此地真实存在的这张桌子或它表面的某部分,而非看(摸)到一个心灵中桌子的影像或一堆杂乱的感觉予料。

其次,由于在感觉中我们总是直接遭遇到实在的外部对象,因此一切感知经验中的意识内容都是对外部对象固有性质的如实显现。比如,当我看到这本书有红色的封面,说明这本书的确有一个红色的封面,并且两者之间是一种直接符合的关系。

在直接实在论内部,由于对外部对象或实在究竟为何物,进而对错误和虚幻的感知经验有不同的解释,又可细分为如下几种理论。

---

① Price, H. H. Perception [M]. London: Methuen & Co., 1932: 2.

一、素朴实在论

(一) 一般观点

素朴实在论是直接实在论中最简单的一种形式。事实上并没有任何哲学家或常人持这种理论。但哲学家想当然地认为这就是常人对感知经验可能持有的态度和偏见。他们提出素朴实在论的真正用意是以此为靶子,展开对感知经验的分析并引出所谓"错觉论证"。

素朴实在论被一般地认为坚持如下观点:

(1) 实在即我们日常经验中所感知到的那些事物,如桌子、椅子、树等,这些事物即是实在。

(2) 这些事物作为实在,具有相对稳定的性质,并且即使在没有被感知的情况下它们也在时间中持存并具有稳定的性质。

(3) 在任何感知经验中我们都直接经验到这些日常物体,并且我们所获得的感知内容就是这些事物固有性质的直接显现。

(4) 在视觉、触觉经验中我们不仅感知到事物的颜色、形状、软硬等性质,也直接地看(触摸)到事物的特定表面。

尽管没有明确论述,但这种知觉理论与感知经验产生的因果理论是相容的。也就是说,若要细究感知经验的产生或由来,素朴实在论者可以认为它们是由外部事物刺激产生的结果。由此被感知对象与感知经验之间的因果关系是双向的:当外物对感知者发出刺激时,产生特定的感知经验;反过来,在感知发生之时,我们只是被动地接受了外部物质事物如其所是地留下的印迹,从而直接经验到作为刺激或原因的物质事物及其性质。① 具体言之,当我们看到或触摸时我们不仅经验到物质事物的各种性质(如红色的、光滑的、圆形的等),而且我们直接经验到该物质事物的特定表面。在其他感知(嗅、闻、尝)发生时,我们虽然不能直接经验到物质事

---

① 如果认为受到外部刺激时,我们经验到的是不同于外部物事的某种心灵或意识对象;而通过对心灵对象的感知我们间接地知觉或获知外部物事,则是间接实在论。关于间接实在论的介绍详见本章第二节。

物的表面，但我们直接经验到物质事物的其他性质（如舒缓的、清新的、香甜的等）。

（二）其理论困难："错觉论证"①

素朴实在论在解释我们的日常感知经验时，会遭遇到很多困难。首先考虑视角问题。假设同一感知者 S 从不同角度看一幅画，他会发现这幅画从每一个角度都会显现为不同的形状（如近似于正方的长方形、左宽右窄的梯形、右宽左窄的梯形、非常狭长的长方形）。其中哪一个形状代表了这幅画本来的形状呢？要判断这幅画的颜色更加复杂。因为在不同的角度看这幅画反射的光量都不一样。从正面看这幅画是温暖的橘色，从右方看可能变成了土黄色，从左方看或许又变成了棕褐色（因为左方投射的光线极其暗淡）。如果我们再加入灯光颜色和光线强弱的持续变化，S 将从这幅画中看出更多不同的颜色。到底哪一种颜色是这幅画所固有的呢？再假设不同的观察者看这幅画。由于每一个观察者都处在不同的物理空间位置上，毫无疑问他们的视角都是彼此不同的。因此他们看这幅画所具有的形状和颜色显然也彼此不同。这里还没有考虑其中某些观察者近视、弱视和色盲的情况。在这种情况下究竟谁看出了这幅画的真实形状和颜色呢？在触觉中同样有"视角"问题。比如，一枚放在舌头上的硬币大小明显不同于放在手掌上的硬币大小。在涉及该硬币的冷热时问题会变得更为复杂。这里只需要考虑这枚硬币被放在裤兜里和放在冰箱里，拿出来之后被 S 触摸所产生的温凉感觉的差异。

与视角问题类似的，还有镜像问题、光的折射和观察者可能会有的生理反常。比如，一根一半插在水里的筷子看上去是弯的；在不同的镜子里你可能看见自己有不同的高矮胖瘦；如果你血糖过低，那么你猛然站起来时眼前会出现很多星星……错觉和幻觉更难处理。一个被截肢的人怎么依然感觉到已不存在的肢体的疼痛？还有在沙漠中看到的海市蜃楼到底是什么？我为什么感觉不到架在我鼻梁上的眼镜，还四处找它？

---

① 原文为"the argument from illusions"，这一论证实际上包括了错觉、幻觉和感觉相对性等情形。因此所谓"错觉"（illusion）在此应做非常宽泛的理解，它包含一切非真知觉。

当面临这些在感觉经验中经常出现的情况时,我们恐怕很难坚持素朴实在论的解释,只能转而接受对感觉经验的如下事实陈述:"我们不能认为多变的感觉经验直接揭示了这张桌子的任何具体性质。它们至多能被看作引起所有感觉经验的某一性质的符号,而这一性质并未真正地呈现在这些感觉经验之中。"① 罗素的这一观点也是那些坚持"错觉论证"的人所坚持的一般观点。既然感知经验中有大量的错觉和幻觉经验,在这些经验中我们不可能直接遭遇到外部对象;那么在真实的感知经验中我们也不可能直接经验到外部对象。不仅如此,其中一些哲学家进而提出感觉经验并非外部物质事物给予我们的印迹,而主要是由我们的大脑、神经系统和感觉器官共同活动产生的,同时它还受到外部对象与感知者之间的媒介(光线、温度、所借助的各种观察工具等)影响。具体言之,当我观察眼前的这张桌子并把它看作如此这般的,我获得的感觉内容主要依赖于我的意识状态和我的视网膜,同时受到光线影响。当我闭上眼睛或改变我的意识状态(比如,我突然走神,开始想一些别的事情)时,感觉经验就停止了。此外,当面对某感觉对象 O 时,我们的眼睛、耳朵、皮肤等获得的感觉内容是完全不同的。总之,坚持"错觉论证"的人认为,感知者在接受外部刺激时,所产生的感觉经验必定是对某种心灵之物的感觉;而非如素朴实在论者所认为的那样,是对外部对象性质的直接经验。由此他们得出结论说,直接的感觉对象不可能是独立于感知主体的外部存在;相反,它们是感知主体自身的产物。这种感觉对象或心灵之物就是感觉予料。

(三)感觉予料的引入

既然感觉对象是我们直接经验的对象,那么它必定是感知经验中最不可被怀疑的要素。以视觉经验为例,当我看到面前的这台苹果笔记本时,我可以怀疑它是否真的存在于我的面前,还是某种镜像;我也可以认为它只是一个仿制的模型,而非真的笔记本;我不知道他人能否和我一样看到它,也不知道下一刻我转身之后它是否还在那儿;但我此刻的确看到一个银灰色的、扁平的长方体,并且在其表面的中间位置有一个苹果的标志,

---

① Russell, B. The Problems of Philosophy [M]. London: Oxford University Press, 1912: 12.

这是不可怀疑的。后者即是我们直接的感觉经验本身。在视（听、嗅、触、味等）感觉的当下总会有某个具有某些可感性质的东西直接呈现于我的意识之中。在早期经验论中这些感觉对象被称为"观念"或"印象"。在20世纪早期的实在论背景下，摩尔最早给它冠以"感觉予料"（sense datum/sense data）的名称，并被其他经验论者所接受。为了反驳唯心论，在《对唯心论的反驳》一文中，摩尔试图在对象与对对象的感知经验之间做出区分，如区分黄色和对黄色的感觉。在1905年的《知觉对象的性质与实在》一文中，摩尔进一步区分物理对象与我们真正看到的东西。在此基础上，摩尔在1910—1911年的讲课稿中提出，我们真正看到或直观到的是感觉予料。该术语被罗素在1913年出版的《哲学问题》一书中引用。尽管以摩尔和罗素为代表的感觉予料论者赋予该术语的含义各有不同①，但对他们而言，感觉予料都代表了在感知经验中被直接给予我们的东西，即所予。就这个名称本身的含义而言，它强调在感觉经验中有某个东西直接呈现给意识，或意识"被给予"了某个东西。那个被给予的或当下呈现的东西即被称为"datum"。进而，我们在接受这类予料时的心灵状态即"感觉"，也被称为亲知。

以感觉予料来描述直接感觉经验的理论就被称为感觉予料理论。这一理论的一个重要前提是，不论感觉经验由什么引起或指向什么，真实的感觉经验都意味着有某种东西当下在感知者心灵中显现了。通过对这种直接显现的内容及对象的描述，感觉予料理论认为自己在不带预设、不加演绎地描述感觉经验本身，以及在这样的经验中直接呈现给感觉主体意识的对象。这里的直接意味着没有推导、抽象或归纳，没有从符号到意义的过程。进而，我们关于感觉予料所做的一切解释（不论是物理的刺激-反应的解释，还是一般的命题解释，如我看到一个红色的球形物体）和判断，都以感觉予料在心灵中的被给予和意识为基础。至于感知经验中是否真有这类被直接给予的对象，感觉予料论者则并未提出质疑。

对感觉予料论者而言，感觉予料的存在及其在关于外部世界的经验知

---

① 比如摩尔用它来代指色块一类的实存（entities），罗素在《逻辑原子主义哲学》中用以指有各种可感性质的殊体，以与他的逻辑原子相对应，而艾耶尔在《经验知识的基础》一书中则把感觉予料作为一种不同于物质事物的语言设定。

第二章　20世纪初的知觉理论

识中的基础性地位是不可被反思的预设前提。他们要处理的问题是这类所予与我们感知到的由各种物理对象构成的外部世界之间是一种什么样的关系。有些感觉予料论者认为感觉予料是我们与外部实在之间的媒介，我们只能通过它间接地经验到外部实在。他们的知觉理论被称为间接实在论。我们将在本章第二节介绍这种理论。除此之外，还有部分感觉予料论者坚持现象主义的立场。他们把类似于心灵影像的感觉予料作为唯一的经验对象，并且把日常世界中的一切事物、甚至心理现象都还原为感觉予料的建构物。比如，艾耶尔在《经验知识的基础》中就强调对于感觉予料而言，显现的就是真实的并且是感知经验中唯一真实的。对这种现象主义的解释，将在本书第五章做简单介绍。

（四）普赖斯的评述

普赖斯认为素朴实在论是我们不得不放弃的一种知觉理论。因为它无法处理我们坚持物质事物在时空中持存且具有稳定性质的信念，与真实的感觉经验本身的丰富性、易变及无法被归给特定物质事物的错觉和幻觉经验之间的矛盾。

但那些坚持"错觉论证"的人，则需要对物质事物本身做一些额外的设定，其观点才能得到辩护。普赖斯指出，他们首先要把物质事物设定为一个不可被经验或无法例示的概念，一种纯粹的物质事物性（material thinghood）。并且这一物质事物性至少要包括两方面的含义：

（1）它是多人可感的，也即假如有一个物质事物，那么必定有大量不同的感觉予料被归给它。

（2）它是空间统一的，也即所谓的"物质事物"就意指某个单一的三维整体、有一个封闭的表面、具有唯一的形状、大小和唯一的物理空间位置。

经过如此设定之后，当面临一组感觉内容（其中有真实的、有虚假的）被认为同时属于某物质事物这类情况时，他们当然可以依据这些感觉内容在逻辑上的相容关系、是否能同时被归给某个假定的物质事物，从而区分出真实和虚假的感觉内容。以艾耶尔为代表的现象论者就以这种方式，把物质事物处理为感觉予料在大脑中的建构物。

027

至于那种在"错觉论证"基础上对感觉经验产生的因果条件给出生理学解释的观点，普赖斯则难以赞同。他认为这种生理学解释也是某种素朴实在论。因为它虽然坚持我们不能直接经验到外部事物，但它能直接经验到我们的各种感觉器官、神经系统和大脑，或至少这些生理学家通过对我们的感觉经验进行观察，能够直接经验到我们的感官、神经系统和大脑。即使生理学解释不这么认为，它至少也坚持人体官能和大脑存在的信念，即便这一信念不可被经验或直接证实。普赖斯把这种生理学解释称为"实验室里的素朴实在论者和实验室外的主观唯心论者"①。

二、选择理论

在素朴实在论之外，另有一种选择理论。它同样坚持感觉即知觉。此外，为了强调我们感觉到的一切性质都是外部对象或实在本身的性质，同时解决幻相问题，这种理论对"实在"给出新的解释，被称为新实在论者。这种理论认为，世界不是由有性质的实体构成的，而是由个殊和事件构成的。由此，所谓的猫或树是由个殊或事件以时空连续或其他规则组合成的复杂系列。世界的终极结构是逻辑的或数学的。个殊或事件作为唯一的实在，是物质或心灵的最终成分。或者说，桌子、椅子这类日常物体不是实在的，只有构成它们的个殊或简单对象才是实在的。这种理论又被称为中立一元论。

（一）观点概述

以霍尔特（Holt, E. B.）、马文（Marvin, W. T.）等人为代表的一批哲学家在1910年合著出版一本名为《新实在论》的哲学专著，提出一种"新实在论"。这种新实在论坚持某种原子主义的世界结构，认为心灵和物质最终都由相同的基本原子构成，并且"认知者与环境是同质的，同属于一个宇宙"②。在方法论上他们提倡采用数理逻辑的分析方式，把日常经验

---

① Price, H. H. Perception [M]. London: Methuen & Co., 1932: 18.
② Holt, E. B., Marvin W. T., Montague W. P., Perry, R. B., Pitkin W. B. and Spaulding E. G. The New Realism [M]. New York: Macmillan, 1912: 35.

中的复合对象最终分析为简单对象。而这些世界的简单成分同时包含了可感性质和逻辑常项（logical constants）。为了回应"错觉论证"，霍尔特在收入该书的《在实在世界中错觉经验的位置》一文中提出了一种新的知觉理论——"选择理论"。在对知觉的解释中，新实在论者强调感知主体对可感性质的接受是完全被动的。"所有可感性质都在对象中，甚至那些互相矛盾的性质（比如，两只手都泡在水中，一只感觉冷一只感觉热）。"①

霍尔特的首要论点是有关某个对象的所有现象都是该对象的内在客观性质，而感知者直观到的就是这些现象。霍尔特所说的对象并非我们理解的一般对象（如桌子、椅子、太阳等）。他认为真正的对象是简单的，并且能够发出特定的电磁波振动。我们所知觉到的光、热和赫兹属于相同的物理秩序，它们的差别只在于电磁波长或频率的不同。世界充满了简单对象和各种不同频率、波长的电磁波。知觉者则在自己的感知能力范围之内，根据注意力的变化选择接受某些电磁波。这些具有形式和频率的电磁波通过振动的神经脉冲传递给我们的大脑。大脑在与之共振的同时，由于特定的频率和形式局限，导致对某些真实性质的忽视，并最终转化成对某种特定颜色、光线或声音的感知。而"心灵和物质由同样的东西组成……作为实体而言这两者之间没有任何差别"②。由于神经系统只是不加改变地传递外在的电磁波，并输送给大脑，因此大脑获得的感觉内容不过是对外在世界中既有性质和对象的揭示。当然如果没有经过物理分析，我们可能并不知道自己看到的绿色、光线明暗是一系列带有复杂性质的电磁波。

霍尔特指出，在某些情况下我们的大脑确实会有一些"幻觉"，如一个躺在棺材里睡觉的人，能够在梦中清晰地感觉到红色、蓝色和美妙的音乐。他把这类幻觉的产生解释为神经系统具有产生与外界电磁波相同频率的神经流的能力。

在1914年出版的《我们关于外部世界的知识》一书中，罗素运用感觉予料，发展出一种与霍尔特类似的选择理论。他认为外部世界和我们的

---

① Kelley, D. The Evidence of the Senses [M]. Baton Rouge and London: Louisiana State University Press, 1986: 40.
② Holt, E. B., Marvin W. T., Montague W. P., Perry, R. B., Pitkin W. B. and Spaulding E. G. The New Realism [M]. New York: Macmillan, 1912: 335.

普赖斯的知觉理论批判

心灵的最小元素和终极实在并非霍尔特所讲的能发射和接收电磁波的简单对象，而是各种各样的可感物（sensibilia）。当我们感觉时，我们的意识就选择亲知到其中的某一些可感物。被我们如此感觉或亲知到的可感物就是感觉予料。在我们关于外部世界的认识中，只有关于这些感觉予料的事实是真的和不可怀疑的。① 由于每一个感知者都占据一个独特的视角，并始终获得不同于他人的感觉予料，因此他所获得的感觉予料总体即构成一个罗素所说的"私人世界"。每一个感知者都有一个这样的私人世界，也被罗素称为感知到的"视角"。所谓宇宙或世界就是所有实现了和未被实现的视角系统，其中永远有一些未被感知的视角。② 这些可感物中有一些需要借助于特殊的辅助工具（如酒精、毒品、X光或显微镜等）才能被我们亲知到，有一些则直接被我们亲知到。但大多数可感物则是我们永远也无法亲知到的，尽管它们能被盲人、聋哑人、精神病人或其他动物所感知。无论如何，我们在感知时获得的感觉予料都是真实且唯一真实的，并且是宇宙或世界系统中的一部分。③ 当幻觉发生时我们获得的感觉予料尽管不是任何日常物质事物的部分，但它的确属于这个世界中的某个对象。如此一来，罗素的这种选择理论似乎解决了素朴实在论面临"错觉论证"时难以解决的困难。具体而言，不同的观察者在不同视角和其他变化的观察条件下所获得的具有不同性质的感觉予料，即使具有相互冲突的性质（如一张看上去是白色和黑色的纸），仍然可以是同一物理对象的构成元素。因为罗素把物理对象都解释为可感物的逻辑构造。

在1918年出版的《逻辑原子主义哲学》中，罗素仍然主张一种中立一元论的本体论立场，认为物理事物和心理现象都由同样的实在元素即个殊（particulars）构成，两者的不同来自个殊排列的方式和秩序不同。但他在一些具体表述和解释上的确有所调整。罗素认为，个殊是整个世界的终

---

① Russell, B. Our Knowledge of the External World as a Field for Scientific Method in Philosophy [M]. 2nd ed. London: George Allen and Unwin, 1926: 75.
② Russell, B. Our Knowledge of the External World as a Field for Scientific Method in Philosophy [M]. 2nd ed. London: George Allen and Unwin, 1926: 95.
③ Russell, B. Our Knowledge of the External World as a Field for Scientific Method in Philosophy [M]. 2nd ed. London: George Allen and Unwin, 1926: 95.

极实在。当它被我们亲知或直接经验到时,则成为感觉予料。任一感知者所获得的感觉予料(包括幻觉中出现的感觉予料)都属于个殊的一部分,或者它们是给予感知者的个殊,因此具有同样的实在性。而作为感知者的"我"和"对象"(日常世界中的一切事物)都是这些终极实在的逻辑构造物。具体说来,当我们说某个对象(如这把椅子)是实在的,这实际意味着:

(1)这个对象有一整套具有时空关联的个殊集。

(2)在此刻呈现给我的该对象现象 p_1 不是孤立的,而以一种常见的方式与该对象的其他个殊相关联。

而幻觉中出现的感觉予料则是孤立的,不处于任何个殊集的系列之中。一个感知者则是所有归属于他的经验的集合。① 个殊和可感物的最大区别在于:个殊依赖于我们的亲知或感觉经验,因此只能存在很短的时间;而可感物则独立于我们的感觉经验,在时空中持存。② 由此可见,尽管在《逻辑原子主义哲学》一书中罗素赋予终极实在以不同于可感物的名称和性质,即他认为个殊作为终极实在并非如可感物那样是持存的,而是转瞬即逝的,但个殊在感知经验和世界构成中所承担的作用则与可感物无异。在这个意义上,我们仍然可以把他在《逻辑原子主义哲学》一书中的知觉理论视为选择理论的变种。③

(二)其理论困难

关于感觉的多样性和各种反常的感觉经验,选择理论的确给出了一种合理的解释。但它同样有难以解决的困难。其中第一个困难是它构建出的世界与我们惯常认识的世界之间有太大的差距。在它看来,一切感知经验

---

① Russell, B. The Philosophy of Logical Atomism [M]. London and New York: Routledge, 1972: VIII.
② Russell, B. The Philosophy of Logical Atomism [M]. London and New York: Routledge, 1972: 30.
③ 基于个殊转瞬即逝的特征,很多人倾向于把罗素在《逻辑原子主义哲学》一书中的知觉理论解释为一种现象主义的理论。罗素自己或许也意识到这一理论会导致唯我论的问题,因此在1927年出版的《物的分析》一书中提出一种因果推导论。但笔者个人仍然认为,他在《逻辑原子主义哲学》时期持一种弱的实在论立场。

普赖斯的知觉理论批判

都是由外部对象的实在刺激引起的、对外部对象性质的真实显现,那么一个喝醉酒的人看到的旋转世界将和我看到的世界一样真实。同理,一个失去右臂的人感觉到的右臂的酸痛将和他未被截肢时感觉到的右臂疼痛同样真实。这显然不符合我们关于实在世界和物质事物的常识理解。选择理论的世界就其结构和性质而言是非常复杂的。在这样的世界里完全没有发生知觉错误的可能性,由此一切知觉经验最终都无所谓正确与否。难以想象当我从哈哈镜里看到自己的影像并认为它和我在正常镜子里看到的自己同样真实时,我所感知的世界该是多么的流变不居和不可靠。

在《逻辑原子主义哲学》一书中,罗素对幻觉和错觉的处理有某些调整。尽管他仍然坚持其中所包含的感觉内容或感觉予料具有和真实感觉经验中出现的予料同样的实在性,但他承认这些感觉予料不能在外部对象的逻辑构造中发挥任何作用。从表面上看,这的确为我们区分虚假和真实的感觉予料给出了某种标准。但实际上,这一标准的制定是非常任意和私人的。因为每个人真正能把握的实在就是他自己获得的感觉予料,而其余的个殊或他人的感觉予料是他无法知道的。从罗素在本书中对感知者所做的分析和描述来看,任一感知者仍然处于由他自己的经验集合所建构的、他在《我们关于外部世界的知识》中所说的"私人世界"中。由此在感知者A的私人世界中区分真实和虚假的感觉予料的标准可以完全不同于感知者B的标准。并且,当罗素用转瞬即逝的个殊取代了持存的可感物之后,他同时也取消了不同感知者以直接经验或逻辑构造的方式分享公共的物理对象的可能性。因为构建感知者本人和外部世界的终极实在(个殊)真正说来是一种依赖于感知者经验的存在,它是转瞬即逝的、只能被当下亲知的。这就使得不同的私人世界之间进一步丧失了可以分享并共同构建主体间外部对象的可能。尽管罗素自己一再宣称外部对象是不同时刻所有感知者经验到的个殊集合形成的系列,但这一工作对于其中的所有感知者来说,都是不可能完成的任务。

霍尔特的选择理论中第二个困难基于它对感知经验产生的因果关系给出了一种不同于日常的解释。他认为,刺激-反应关系是同质的,是简单对象与简单对象之间具有相同频率的电磁波的发射和接收关系。感知者被当作简单的信号接收器,这使得霍尔特无法解释当面对相同外部刺激(电磁波也好，神经刺激也罢）时，由于主体身体状态的改变所导致的感觉差异。比如，一个瘾君子在注射海洛因之前和之后必定会把他的卧室看作完全不同的图景，这种差别至少包括物品形状和颜色的改变、双重影像等。选择理论至多能把这种现象解释为感知者神经脉冲的频率改变，因此接收到另一种频率的电磁波刺激，进而产生不同的感觉内容。但这种感觉内容与此前的感觉内容相比，究竟发生了怎样的改变？特定频率的电磁波刺激究竟产生何种具体的感觉内容？则是霍尔特的选择理论难以回答的问题。

霍尔特所持的这种极端的选择理论所面临的第三个困难是，它会让时间本身成为一种错觉。因为在外部刺激引起感觉选择时，只有一种刺激与共振的关系，但没有不同刺激或不同感觉在时间上的先后关系以及因果关系。进而我昨天晚上看到的满天繁星和今天看到的晴空万里之间没有时间先后关系，尽管我认为它有。这两者之间真正的关系是不同选择之间的共存关系或因为选择不同所导致的实现与潜在的关系。假设时间的先后和因果关联都成了感知者的错觉或逻辑构造的产物，那么选择理论所自称的"新实在论"是否还能被称为实在论将变得十分可疑。①

三、视角实在论和"显得"理论

（一）观点概述

在选择理论之外另有一种直接实在论，它不像罗素所坚持的"感觉予料选择理论"那样认为一切可能的可感物在未被感知或经验时都在那儿存在着，某一特定视角只是让某些可感物以被经验的方式实现出来。相反，这种理论坚持我们感官经验到的一切性质都是特定物理对象的性质；因此一枚硬币之同时为圆形和椭圆形只是因为我们看它的角度不同，但这并不影响硬币之为硬币以及它之为圆或椭圆的实在性。这种理论被称为视角实在论或"显得"理论。这一理论的基本观点是：任何物质事物都与世界中的其他存在物处于特定关系之中，而没有一个事物可以独自存在。这些关

---

① Price, H. H. Perception [M]. London: Methun & Co., 1932: 49.

系中有一类即视角关系,它连接具有感知能力的意识主体和意识对象。在每一个视角中,"自然告诉我们一个真理,而非整个真理"①。也就是说在不同视角中获得的每一个感觉内容都真实呈现了特定对象的真实性质,因为自然世界中的任何事物都不过是它与其他事物之间关系性质的总和。

如果进一步把感觉内容的产生统一表达为"某物显得(appear)如此这般"的形式,视角实在论就成为"显得"理论。这种理论强调包括视角和光线等在内的众多观察条件对感觉经验的影响,并且认为既然我们只能在众多条件限制之下观察外物,那么外物就只能被如此经验。

(二)普赖斯的评述

普赖斯认为这一理论至少揭示了视感觉予料和触感觉予料的某种事实,即这两种感觉予料都必定具有其特定的视点或触点,并且它们总是从这个特定的点或位置才具有如此这般的性质。因此,这些感觉予料可以被描述成"从某个位置 x 被刻画为……"

但普赖斯指出这种理论和素朴实在论一样,无法解决错觉和幻觉的问题。比如,在幻觉的情况下,一个瘾君子看到房间里坐着一个根本不存在的人,按照视角实在论或"显得"理论:

(1)这个人是实在的。

(2)瘾君子看到了这个人的某些真实性质。

可问题是这个人并不在这房间以外的任何地方存在,也没有被除瘾君子之外的任何人看到过。那我们怎么能断定它和瘾君子每天看到的天花板上那个吊灯一样实在呢?在错觉中某些视力有问题的人时常能看到双重影像。普赖斯指出,在双重视像的情况下被改变或新出现的并非同一物理对象的性质,而是物理对象本身。我们不可能把"出现重影"当作一张桌子的性质,而只能说在此桌子的数目发生了改变,被看到的是两张而非一张桌子,尽管实际上只有一张桌子。在这种情况下,新出现的那张桌子是实存的吗?按照视角实在论和"显得"理论的观点,它应该是实存的,因为

---

① McGilvary, E. B. A Perspective Realism [M]. La Salle: The Open Court, 1956: 160.

被感知到的都是物理世界之中的。但这张桌子显然不存在于物理世界之中。①

四、总结

通过对直接实在论几种主要理论的介绍，我们可以总结出它们处理感知经验四要素的不同方法。在素朴实在论的感知经验结构中，由于其把感觉经验等同于知觉对象或知觉对象的某部位，因此它实际上把四要素变成了三要素。这样一来，感知经验就被描述为"感知者 S 直接感知到知觉对象 M"。上文已经说过，对感知经验的这种解释难以解决错觉和幻觉问题。"选择理论"是在素朴实在论基础上提出的，其理论的调整和改进主要是为回应"错觉论证"。它给出了感知经验结构的另一种模型，即用一种预定的知觉对象（简单对象或可感物）来解释包括感知主体在内的整个世界。这种知觉对象在被感知时就实现出来，成为特定的感觉经验，两者没有质的区别。感知经验则可被描述为"在由知觉对象 O 构成的世界中，感知者的感知行为向他显现这个世界中存在的某对象及其性质"。就效用而言，这种理论与素朴实在论的不同之处仅在于它通过概念预设（对外部存在给出特殊界定）进一步混淆了我们日常感知经验中真实的感知经验和错觉、幻觉之间本就模糊的界线。视角理论承认视觉和触觉经验的多变性和可能的前后矛盾，但它既没有区分感觉经验与知觉对象，也没有解释感觉经验多变性的原因。

既然这三种直接实在论都不能对感知经验给出令人满意的解释，那我们势必要在感知经验四要素基础上重新考虑另外的可能。首先我们最好承认感觉经验与知觉对象的区分，不再把感觉经验当作知觉对象本身或对知觉对象性质的直接镜映，进而区分经验到两类对象时的两种心灵状态，即感觉意识和知觉意识。当然，在做出如此区分之后原来的四要素实际上就成为五要素，即感知者、感觉与感觉对象、知觉与知觉对象。在这样的感知经验模型下，如何处理感觉到感觉对象与知觉到知觉对象之间的关系，

---

① Price, H. H. Perception [M]. London: Methun & Co., 1932: 57.

将成为衡量一个知觉理论是否成功的关键。下面我将继续介绍做出这些区分之后的知觉理论。

第二节 间接实在论或因果推导论

间接实在论与直接实在论一样，坚持感知经验的产生是由独立于感知者的外部实在所引起，其不同只在于间接实在论认为我们无法直接经验到这些外部实在，而只能经验到外部实在作用于感知者的感官所产生的结果。由此，间接实在论否认我们在感知经验中可以同时直接经验到感觉对象和知觉对象。它强调我们直接经验到的只能是感觉对象。这些感觉对象被他们冠以感觉予料的名称。其理由就如在"错觉论证"中已经提及的那样，大致包含两个层面。首先，仅凭感觉经验本身，我们无法区分幻觉和真实的感觉。因为在幻觉中我们经验到的感觉对象和我们真实看到或摸到的感觉对象具有同样的真实性，因此属于同一种对象。而幻觉的产生肯定不是由外部实在所引起的。因此总包含幻觉可能性的感觉经验不可能是对作为其原因的外部实在及性质的如实镜映。其次，由外部实在对感知者施加作用或刺激，引起感觉经验的过程是一个复杂的因果过程，在刺激发出与感知者接收到感觉经验之间总存在时间差。如此一来，感觉经验在很多情况下不可能是对引起刺激的外部实在及其性质的真实镜映。比如，当我们看到夜空中某颗星星时，它很可能已经不存在了。如王华平所说："对知觉因果过程的强调导致了因果推导论。"[①] 因果推导论认为，在外部实在与感觉经验之间的因果链条中，我们只能通过反向推导的方式，即从结果推导原因的方式，获取外部实在及其性质的知识。其理由是，尽管我们不能直接经验到外部事物，但它却是感觉予料产生的原因。因此我们可以根据两者间的因果关系从作为结果的感觉予料推论出作为原因的外部事物（知觉对象）存在及关于其性质的知识。下面我将简述这种理论以及普赖

---

① 王华平. 心灵与世界 [M]. 北京：中国社会科学出版社，2009：55.

斯的相关评述。

一、对因果推导论的一般概述

当时很多哲学家和生理学家在解释感知经验时都不同程度地坚持这种理论。简单地说，因果推导论至少包含以下三方面观点。首先，这种理论认为感觉予料作为所予，是我们在感知经验中能够直接经验的唯一对象。其次，这种理论主张所谓的知觉意识就是从作为结果的感觉予料反向推导其原因的有意识或无意识的推导过程。再次，我们关于外部世界的知识或理性信念以我们对感觉予料的亲知知识为基础间接获得，并最终由亲知知识得以证实。在因果推导论内部，对于知觉意识的解释和处理存在分歧。有些人把知觉意识还原为基于感觉的有意或无意的推导过程，由此把间接知觉混同为间接认知；有些人则干脆否认知觉意识的存在，强调外部对象的存在和性质只能通过间接推导的认知方式被我们把握。

因果论者一般都承认任何感觉予料的产生都经过一个综合各方面因素的复杂因果链条，也即他们认为感觉予料和外部对象之间的因果关系并非是简单的一一对应关系。比如，该理论认为某感觉予料 s 的产生除了需要适当的观察环境（如光线、距离等）和感知者自身的感知能力（具有健全的感觉器官、神经系统和大脑）这类必需条件之外，最主要地取决于外部事物对感知者身体施加的刺激和作用。由此，"看一张桌子"实则意味着从这张桌子反射的灯光投射到眼睛上，引起视网膜的化学变化，进而导致一列神经冲动通过视神经到达大脑。而大脑的最终活动则引起感知者的心灵直接意识到光滑、浅黄色之类的感觉予料。

在因果推导论者看来，外部对象与感觉予料之间复杂的因果链可以解释各种感知经验状况。比如，由同一对象引起的感觉予料之所以如此多变的原因在于，感知者看的角度、距离和传播媒介等因素的变化所导致的对相应感觉器官刺激的变化。而错觉则是因为复杂的因果链中某一环节出了差错，或者由距离和传播媒介产生的时间延迟所导致的结果。幻觉可以由大脑中与真实感知经验相似的神经刺激引起。比如，一个已被截肢的人仍然感到已经失去的肢体疼痛，这是由残余神经的刺激所造成的。

普赖斯的知觉理论批判

在感觉予料产生的复杂因果链中,某些因素作为感知经验发生的常规条件必定经常出现。比如,视觉需要的光线或听觉所需的空气及观察者自身的感官能力等。而某些因素则是使得特定感知经验中如此这般的特定感觉予料产生的差别条件(differential conditions)。因果论者认为,这种差别条件就是特定感觉予料所对应的那个外部对象及其性质。① 特定感觉予料与外部对象性质可能相似也可能不相似,但无论如何这一外部对象性质都是该感觉予料产生的最主要原因。认为在感觉予料的产生和外部事物之间的确存在一种普遍的因果关系,是因果推导论的一个最基本的假设前提。② 因此持这种理论的人必须首先证明这一前提是客观有效的。因果论者给出的论证如下:

首先,感觉予料产生的原因不可能是感觉予料。因为感觉予料的产生时常被中断,并且其出现往往处于无序状态。比如,在实际的观察经验中,一辆汽车的视觉予料往往接着空敞的水泥路面的视觉予料。又比如,一朵花的视觉予料往往被我的转头或眨眼所中断。如果我们只能感觉到感觉予料,并且关于感觉予料的亲知是我们获得外部世界知识的唯一材料来源,那么我们就不得不承认,仅就获得的感觉予料自身而言,它们的确是无序、混乱和转瞬即逝的。③ 假如我们认为感觉予料的产生取决于感觉予料相互间的因果关系,那么将会有大量无结果的原因和无原因的结果。比如,我离家前没有出现的与锁门相关的身体予料;或者我眼前出现的一堆玻璃碎片和一个皮球的视觉予料。此外,我们一般无法从当下获得的感觉予料准确地预测下一刻将会有怎样的感觉予料出现。以上种种都与我们对一般因果关系的理解不符。我们通常认为某个事件的出现必定会有至少一个原因,并且我们可以通过对该事件发生的过程加以分析找出这些原因。而且类似的原因和事件时常重复出现,因此我们可以借由这些重复出现的因果关联对将来即将发生的事情做出预测。这样的因果关系显然不适用于

---

① Price, H. H. Perception [M]. London: Methun & Co., 1932: 70.
② 普赖斯把这种因果关系称为垂直因果关系。关于这种关系的论述另见本书第五章"对物质事物因果性的认识"部分。
③ 普赖斯由此把感觉予料的出现理解为不可重复的事件,并且这种事件没有因果性质。普赖斯对感觉予料及其性质的论述,详见本书第三章。

感觉予料事件。

其次，感觉予料产生的原因不可能是我自己，或者说任何有意识和感觉能力的心灵实体。在实际的感知经验中，我们被动地接受各种感觉予料。其出现既不依赖于我的意愿，也不取决于我的任何可知的意识过程。比如，在心理分析时，医生不可能预测患者下一刻将会获得什么样的感觉予料。因此感觉予料绝不仅仅是感知者自身心灵的产物。

那么，感觉予料的产生必定有感觉予料和具有意识和感觉能力的我之外的原因。这种原因是什么呢？因果论者认为，这种原因就是外部对象及其性质。尽管我们无法直接经验到外部物质事物，但我们可以通过各种方法来证明外部事物的存在，进而获得关于其性质的知识。其具体论证大致如下：

首先，根据"原因中的现实性至少要与结果中的现实性同样多"的原则，我们可以通过感觉予料（以视觉予料和触觉予料为主）相互间所具有的上下、左右、远近的空间关系和早晚的时间关系，推知其原因中必定也存在这四种关系。此外，根据感觉予料所显示出的可感性质之间的差异，我们也可以推知其原因中至少也存在相应的性质差异。比如，红色的视觉予料与蓝色的视觉予料必定产生于原因中两种不同的性质。由此这不可感的原因必定具有时空的四维性质和多种不同的性质。[1]

其次，在实际的观察经验中，我们时常发现某一时间接续的视觉予料系列具有某种性质的相似性或连贯性。比如，当我持续地观察一支笔时，我的视域进深可能越来越大（也即这个对象离我越来越远），因此在我的视域中出现的视觉予料越来越小，但它始终保持相似甚至相同的细长条形状。根据"原因中的现实至少要与结果中的现实同样多"的原则，我可以认为这一系列视觉予料中的不变因素来自原因中的不变因素。并且我可以由此认为原因中的这些不变因素与其变动因素（如上面例子中大小的变化）相比，更能代表或展现作为原因的不可感物的性质。由此，我可以认为那支笔的形状就是长条形的。用类似的方法，我们可以获知不同的不可

---

[1] Price, H. H. Perception [M]. London: Methun & Co., 1932: 74-76. 参见相关论述。

感物的形状、大小、位置、软硬等多种性质。[1]

最后，既然我们对外部事物的定义就是具有特定的时空性质和因果特性的存在物，那么它的因果特性不仅表现在可以引起感觉予料的产生的垂直因果中，还更多地表现在同样具有因果特性的存在物之间的水平因果中。通过不断获得的感觉予料，我们同样能获知存在物之间的水平因果关系及其因果特性。比如，在感知者 A 的某次观察中，他持续地获得火炉和蜡块的视觉予料系列以及温暖的皮肤感觉。在这一视觉予料系列中，蜡块的视觉予料从固体形状逐渐过渡到液态的形状。由此 A 可以认为火炉作为不可感物，不仅能产生垂直因果作用，也即能让他产生温暖的皮肤感觉；而且能产生水平因果作用，即能让另一个不可感物（蜡块）溶化。[2]

二、因果推导论的问题

经过以上的因果推导论证，我们能知道产生感觉予料的那个不可感物的如下性质：

（1）它具有时空性质。

（2）它有形状、颜色、软硬等各种性质，并且每种性质都能产生细节各个不同的、丰富的感觉予料。

（3）不可感物的因果效力在其内部也依然存在。

但是，具有以上性质的不可感物却不一定是我们日常理解的物质事物。它也可能是一个具有众多且彼此独立性质的存在。而且通过感觉予料推知的时空性质是一种可感性质，它可以由具有时空概念的精神存在物产生，如贝克莱的上帝或康德的先验时空形式。由此，根据因果推导论，我们日常所理解的物质事物并非感觉予料产生的唯一可能原因。[3]

当然，因果论者也可以退而认为，在从结果到原因的推导中，尽管我们在任何感知经验中都不曾有意识地从获得的感觉予料（如光滑、浅黄色

---

[1] Price, H. H. Perception [M]. London: Methun & Co., 1932: 77–80.
[2] Price, H. H. Perception [M]. London: Methun & Co., 1932: 82–86.
[3] Price, H. H. Perception [M]. London: Methun & Co., 1932: 95.

等)推导出物质事物(如这张桌子)的存在及其性质,但这些感觉予料至少为我们关于物质事物存在的信念提供了程度不同的证实。比如,我当下看到的这个具有光滑表面的长方形 S 证实了"这是一张方形的桌子 M"这一命题。在他们看来,这种不断证实的过程增强了我们关于外部事物以这样的(如众多殊体处于特定时空关系中)存在而非那样(如作为精神性质)存在的信念。但问题在于,如果我们对物质事物的一些基本性质没有一个事先把握,仅凭感觉予料我们不可能获得众多物质事物彼此独立、形态各异的存在形式。如上文提到的那样,设想外部对象是一个单一的、具有多种性质的存在,甚或只是某种心灵或精神存在的构想也是同样可能的。不仅如此,由于对感觉予料的产生持一种因果解释的哲学家几乎都把感觉予料严格定义为一种类似于原子的简单存在(如摩尔、罗素等人),那么他们甚至不可能从感觉予料的性质获知外部对象的长方体或球体等特性。进而,他们也不可能从亲知知识获得"这是一张方形的桌子 M"这类物质事物命题的证实。

此外,人们通常认为,该理论最致命的问题是它对感知经验的解释最终导致的循环论证。也就是说,该理论通过模仿日常知觉经验来设计感觉经验理论,或只是把对外部事物的知觉转换为对心灵之内的感觉予料的意识;又试图以模仿出的感觉予料来解释知觉经验和外部事物的存在。① 但一旦我们切断意识与外部对象的直接关系,就很难再重建或证明外部对象的存在。正如王华平所指出的那样,因果论证最根本的问题还在于混淆了感知经验中的因果事实和认知事实。它把知觉关系等同于或还原为因果关系,这就导致它必定用知觉发生的生理和物理过程去解释我们的感知经验。②

三、普赖斯的评述

作为一个坚定的实在论者,普赖斯强调因果推导论无法证明外部世界

---

① Fish, W. Perception, Hallucination, and Illusion [M]. New York: Oxford, 2009: 17.
② 王华平. 心灵与世界 [M]. 北京: 中国社会科学出版社, 2009: 57.

中存在众多彼此独立的物质事物。尽管它试图这么做，但只能以失败告终。首先，要通过感觉预料来获得关于外部世界的知识，我们起码要先区分出真实的感觉预料和虚假的感觉预料。但事实证明，仅凭感觉经验本身我们不可能做出这种区分。因果论者在区分真实和虚假的感觉预料时已经首先预设了物质事物的存在及性质。这是错误之一。其次，因果论者总是先假定某些物质事物命题，然后用在感觉经验中获得的亲知知识来证实这些命题。通过不断重复这种归纳证实的过程，因果论者认为至少我们能部分地证实这些命题的真。但问题在于，归纳证实的基础是两类事物之间（特定感觉预料的出现与特定的物质事物状态或事件之间）已经建立起稳定的联系。凭借这种联系，我们能够从一类事物的出现合理地推断出另一类事物的状态。比如，我每次听到天空中特定的轰鸣声都随后看见头顶一架飞机飞过，由此当我再听到类似声音时我都相信我听到了飞机飞过的声音。但如果我从始至终都只看到某个白色的感觉预料、而不是一架飞机，我如何可能建立起这类视觉预料、听觉预料和飞机之间的联系，并获得这样的知觉倾向呢？① 同样的道理，在因果推导论中，由于物质事物无法被直接经验，因此我们不可能发现它与感觉预料的产生之间有何联系。正如艾耶尔所指出的那样，既然我们认识物理对象的唯一方式就是把它设定为某些感觉预料发生的不可被经验的原因，那么我们就没有充分的理由相信物理对象的存在。并且我们也不能从这些不可被经验的原因中辨识出何为特定感觉预料产生的差别条件（如这个杯子），何为其产生的常规条件（如日光）。② 因此认为在特定的感觉预料与某物理对象之间有证实关系根本无从谈起。最后，严格说来，既然我们只能亲知到感觉预料，那么因果论者所设想的复杂因果链条也无法被证明为有效的；因为神经系统和感觉器官等必备的身体条件毕竟不是我们能亲知到的。这些因果论者本来想利

---

① 类似的论述也可参见 Amstrong, D. Perception and the Physical World [P]. New York: Humanities Press, 1961: 29-30. 阿姆斯特朗的观点是直接经验到某类事物是间接经验到该事物的逻辑前提。这是由"直接"和"间接"的语法所规定的。比如，当我说我要通过转机间接地从北京到绵阳时，其中潜含着我可以直接从北京飞绵阳。由此，认为我们只能通过感觉预料间接地经验到物质事物就是对"直接"和"间接"的非法使用。

② Ayer A. J. The Foundations of Empirical Knowledge [M]. London and Basingstoke: Macmillan, 1979: 112-113.

用神经科学的研究成果来解释感知经验,但他们所持的感觉予料理论恰好与之相违背,二者难以兼容。由此,普赖斯认为,仅凭因果论证的方式,我们不可能获取外部对象存在及性质的任何知识或理性信念。这种理论已被证明是一种失败的理论。

事实上,那些对此类因果论证一无所知的常人反倒对各种外部对象的存在及性质有健全的信念和认知,并且他们总是把日常感知经验中获得的种种感觉内容自然地归给外部对象。① 普赖斯和常人一样坚持常识实在论的立场,因此他宣称我们不能放弃感觉予料之外的日常物体的存在以及我们能够知觉到这些事物的能力。事实证明,如果我们对某一特定的知觉对象没有一个哪怕是模糊的意识,那么我们对感觉予料的综合将是不可能完成的,进而我们也不可能从感觉经验中获得任何关于外部事物的知识。因此我们必须重新诠释知觉意识。首先,我们不能将其设定为一种单纯寄生在感觉行为之上的意识活动,而要让它具有某种独立性。其次,事实证明,要在感觉予料与外部对象之间建立起一种垂直的因果关系,进而以这种关系来证明外部对象的存在是不可能成功的。但如果亲知到感觉予料的确是我们获得外部对象知识的重要途径,那么它与外部对象之间必定存在某种关联。如果这种关联不是垂直因果的,那么它是一种怎样的关系呢?普赖斯认为,要说明这种关系,首先要对感觉予料的性质进行重新分析和界定。只有在对感觉予料的性质和知觉意识进行重新规定之后,我们才有可能在感觉予料和物质事物之间建立起一种真正实在的关系。这也正是普赖斯的知觉理论试图完成的目标。下面就让我们首先进入普赖斯对感觉予料及其性质的重新阐释。

---

① Price, H. H. Perception [M]. London: Methun & Co., 1932: 94-102.

第三章 普赖斯对感觉予料的重新界定

第一节 对感觉予料的产生及其特征的重新规定

一、感觉予料的产生

上文提到因果推导论关于感觉予料产生所给出的复杂因果链条无法被证明为是有效的，因为我们不能证明感觉予料之外的器官和神经系统等物的存在。普赖斯认为对于感觉予料的产生，我们只能说它是完全寄生的（parasitic）[1]，也即感觉予料的产生完全依赖于特定的心灵状态（或意识状态）和大脑状态。[2] 当某种适当的心灵和大脑状态出现时，就会出现特定的感觉予料。而一旦心灵或大脑状态发生改变，感觉予料随即消失。比如，我此刻正处于一种集中注意力观察的心灵状态之中，而且我的大脑、眼睛等部位都处于正常状态，然后我转眼瞥见电脑旁一个橘色、有光泽的

---

[1] Price, H. H. Perception [M]. London: Methun & Co., 1932: 115.
[2] 原文为"cerebral states"，但普赖斯在这里并非用"大脑的"（cerebral）这个词来指具有复杂结构的"人脑"这一重要的身体部位，而主要是强调大脑作为人这类生命体所具有的某些生命能力。实际上我们的绝大部分生命能力都与大脑状态相关，当然它同时也依赖于其他身体器官的机能，比如看的能力、感受疼痛的能力等。普赖斯在这里用"大脑条件"泛指这一切与大脑及其他身体机能相关的能力和生理状态。

第三章 普赖斯对感觉予料的重新界定

圆柱形（假定那是一个洗手液瓶子）。但如果此刻我一走神，或瞬间把注意力转向电脑屏幕，又或眼睛瞟向别的方向，那么这个橘色、有光泽的圆柱形也随即消失。尽管我之后如果让心灵和大脑状态重新回到类似于此前的位置，这个感觉予料又会重新出现。但此后出现的这个感觉予料显然不同于此前那个，尽管它们具有相似的性质。因此感觉予料的产生和存在都不是独立的。在这个意义上，感觉予料不可能以实体的形式存在。

感觉予料的产生并非如因果推导论所说是单个产生的，然后感知者凭借记忆等活动把这些单个出现的感觉予料按照某种关系或秩序整合起来。相反，普赖斯认为，一切感觉予料都只能出现在很多不同的感觉予料或某个特定的感觉予料组之中。具体而言，首先我们在感觉时总是同时亲知到触觉、听觉、视觉等不同种类的感觉予料。因此在任何感觉经验中视、触、嗅、味和听觉中的若干种感觉予料总是同时出现的。并且在这些同时出现的感觉予料中都包含了与身体相关的感觉予料和与环境相关的感觉予料两种。比如，当我在眼前这台笔记本电脑上敲字时，我的视域中出现一个白底的长方形，上面有整齐排列的文字和闪动的光标，长方形的四周另有一条黑色的边框感觉予料，余光中还有被我归给台灯和水杯的感觉予料。这是我当下获得的与环境相关的感觉予料。但与此同时，从我的十指还同时产生与电脑键盘相关的触觉，我的肘部传来与桌子触碰产生的坚硬感，这是此刻同时产生的与身体相关的感觉予料。普赖斯把这些同时产生或出现的感觉予料称为"予料总体"（the Totum Datum）[①]。其中与身体相关的感觉予料是指那些一般被归给观察者身体的感觉予料（通常为触觉和肌肤感觉），而环境感觉予料则指那些一般被归给身体之外的某对象的感觉予料（通常为视觉、听觉和嗅觉）。当然这种划分并不蕴涵身体和其他对象的实体性存在。普赖斯认为，在一切"予料总体"中始终有这两种感觉予料相伴存在，其中任何一种都没有独立存在的可能。并且两者之间有一种共存和共变的关系。在第五章中我们将会看到，身体感觉予料与环境感觉予料之间的这种共变关系是我们认识感觉予料与物质事物之间因果关系的基础。

[①] Price, H. H. Perception [M]. London: Methun & Co., 1932: 81.

在诸种感觉予料之中，视感觉予料和触感觉予料除了出现于"予料总体"之中，还总是出现于特定的视域或触域之中。就视感觉予料 V_x 而言，它必定出现于某个特定的视域之中。这个视域由特定的视点（a visual point）、进深（或深度，depth）和处于进深末端的若干视感觉予料（$V_1 \cdots V_x \cdots V_n$）共同构成。这些视感觉予料共同形成该视域的整表面。V_x 作为该表面的一部分，被普赖斯称为"一片"（expanse）。视感觉予料作为片状的存在，不同于表面的存在样式。因为表面总意味着它是某物理空间中事物的表面，并且这个事物不仅有表面，而且还有侧面和后面。但仅凭视感觉予料本身我们无法断定它是否是某物理对象的表面，更何况还要考虑错误和虚假的视感觉予料。由此处于同一视域中的那个由若干片状视感觉予料构成的表面或许应该更恰当地被称为"视觉空间"①。构成这一空间的元素可以部分或全部又或没有任何一个属于某物理对象表面的组成部分，进而处于物理空间之中（至于具体如何解释这种属于关系及如何判断哪些视感觉予料属于某物理对象表面，笔者将在第五章中详细论述）。此外，视域中每一个感觉予料从它在该表面所在位置朝向视点的方位，即是该感觉予料的面向，而它与视点之间的垂直距离即是该感觉予料的进深。每一个感觉予料都有面向和进深。触域的情况与视域类似。一个特定的触域也有触点和由若干触感觉予料构成的一个触觉空间。

二、感觉予料的特征

（一）感觉予料是心灵的

正因为感觉予料的产生主要依赖于我们的心灵状态，并且它总是直接给予我们并能被我们所亲知或直觉，因此我们可以说感觉予料是心灵的或在心灵中。但对于心灵我们至少可以有两种理解，即认为它就是一个自我

---

① 普赖斯认为，一个视域中的若干视感觉予料即组成一个视觉空间，因此不同的视域就有不同的视觉空间。不同于物理空间，视觉空间总是复数的。在同一个视觉空间中众多感觉予料与视觉表面之间不是部分与整体的关系，而只能说该表面是多重的或多样的。触域和触感觉予料与此类似。

第三章 普赖斯对感觉予料的重新界定

实体，或者认为心灵即某种（或几种）特定的心灵活动及能力（如认知活动和认知能力）。如果持前一种理解，那么通常会导出感觉予料处于心灵之中，而他人和外部对象处于心灵之外的结论。这会导致把感觉予料视为心灵实体中存在的对象，从而切断其与外部事物之间的联系。作为实在论者，普赖斯当然反对这种观点。

普赖斯本人倾向于后一种理解，即亲知到感觉予料是一种特殊的心灵能力或活动。作为一种心灵活动，有人提出亲知到感觉予料就意味着感知者 P 以如此这般的方式进行感觉，如 P 亲知到一个红色的圆点实际表达的是 P 以红色的圆点的方式感觉了。被副词化了的感觉予料从而具有了和情绪感受（emotional feelings）一样的结构，如"我感到高兴"和"我感到红色"。最终对感觉予料的亲知成为一种心灵的感受活动。普赖斯反对这种解释，并坚持感觉予料作为意识对象有确定的存在。但普赖斯指出感觉意识和感受意识的确有很多相同之处：

（1）普赖斯认为，意识到或感觉到感觉予料的状态和感受状态一样是某种直觉而非判断。

（2）我们亲知到或感受到的对象可以是想象的或虚幻的，但我们的亲知或感受本身是真实的。

（3）我们在亲知某感觉予料或感受某对象时是完全被动的；我们以其本来的样子接受它，而不包含任何推演或其他意识活动。

尽管如此，亲知到感觉予料仍然不同于情绪感受。原因在于，感觉予料总是朝向心灵之外的。具体而言，在情绪感受中我们不仅直接意识到我们正在经历的情绪，而且直接意识到这一情绪是在我们自身之内的。而除了某些肌肤感，我们并不直接意识到那些正在亲知的感觉予料是在我们之内的。① 相反，由于感觉予料自身的呈现特征以及对感觉予料的亲知与相应的物质事物知觉意识所具有的紧密联系，我们总是把亲知到的感觉予料及其性质转加给相应的外部事物（普赖斯关于亲知与知觉之间关系的论述详见第四章）。普赖斯认为，感觉予料作为一种特殊存在，可以被看作事

---

① 很多哲学家会把肌肤的疼痛感视为一种与情绪感受非常相似的内感觉。但普赖斯认为，疼痛感不同于情绪感受。他把疼痛感理解为身体予料的突出部分，总是同时伴随着感知者对自己身体的知觉意识。详细论述见本章第二节"感觉予料之间的关系"部分。

047

件,因为任何感觉予料的出现都是转瞬即逝且不可重复的。

(二)感觉予料可以具有复杂形式

有些感觉予料论者坚持感觉予料作为亲知对象,只能以最简单的原子形式存在。普赖斯不同意这种观点。他认为,感觉予料完全可以有复杂形式。比如,当我观察这支笔时,我获得的感觉予料是一个透明与橘色相间的、有纹路的细长条,而非获得大量透明的点和橘色的点。普赖斯认为,这是由视域本身的空间特性所决定的。除了具有复杂的空间形式,各种感觉予料的出现还可以具有复杂的时间形式。比如,我听到嘀嗒声而非嘀声和嗒声;听到一串连续的音符,而非若干有间断的单音节。再比如,我看到一辆缓慢行驶的汽车时,我看到的是一系列连续的视感觉予料,而非一帧一帧如电影胶片一样的视域画面。

此外普赖斯认为,尽管任何感觉予料的亲知都处于基本的时空形式之中,但某感觉予料以这样的形式(如听到钟表的嘀嗒声或"外面下雨了"的说话声)而非那样的形式(如嘀声和嗒声或一串人的声音)出现或被我们亲知,或一系列感觉予料被我们亲知为这样而非那样,则依赖于心灵中特定的知觉倾向。至于普赖斯所说的知觉倾向到底是什么,我将在第四章中具体解释。

(三)对感觉予料的亲知是直接的,是一种无归属(non-attributive)的意识

普赖斯指出,亲知作为一种直接意识,是一种心灵与感觉予料的直接遭遇状态。这种直接遭遇决定了亲知意识的无归属特征。[1] 当某一性质被归给某物时,这一性质就会有不同的清晰或模糊程度。在下一章处理知觉行为时我们将看到,知觉意识就是一种有归属的意识。也就是说,任一知觉意识都具有有限的明晰程度,这一有限的明晰程度需要在接下来的若干知觉行为中获得进一步确证。而对感觉予料的亲知则与之相反,每一次感觉予料对心灵的呈现都是完满的或最终的。这一特征正符合亲知的非活动

---

[1] Price, H. H. Perception [M]. London: Methun & Co., 1932: 149.

第三章 普赖斯对感觉予料的重新界定

特性。普赖斯强调亲知的这一单纯接受特性，并以之区别于对物质事物的知觉意识。① 这一特征也同样适用于感觉予料。也就是感觉予料作为亲知对象，相互之间没有清晰或模糊的区分，它被心灵接受时具有怎样的可感性质，就以这样的可感性质留存在感知者的记忆中。对于任何感觉予料的出现及其性质，都没有进一步明确的可能。

（四）感觉予料没有因果性质

由于感觉予料的出现是无中生有（ex nihilo）的，因此它的存在是寄生的。也就是它的产生完全依赖于它之外的各种条件，诸如特定的心灵状态和大脑状态及特定的外部环境条件等。它没有独立的存在。作为所予，感觉予料不具有因果性质。普赖斯认为，我们最多能说它是某种因果关系的结果，但它不可能是引起其他事件的原因。在本书第五章我们将会看到，普赖斯认为因果性质是物质事物所独有的重要特性。②

（五）感觉予料都有外部指涉（external reference）

如前所述，对感觉予料的亲知与感受的最大区别就在于任何感觉予料都是指向心灵之外的，因此我们总是把获得的感觉予料自然地归给外部某物质事物对象。③ 在普赖斯看来，视感觉予料和触感觉予料相比于其他种类的感觉予料，其外部指涉特征尤为显著。④ 由此我们关于外部事物存在的知觉和确证都首先且主要地依赖于这两类感觉予料及其相应知觉意识的获取。一个既不能看也不能触摸的植物人所感知到的世界肯定不同于常人

---

① Price, H. H. Perception [M]. London: Methun & Co., 1932: 148-149.
② 在此，普赖斯对因果性质的描述很容易让我们把感觉予料理解为物质事物因果性质的伴生物或副现象。在第五章论述因果性质时我们会发现，坚持独立于感觉予料的具有因果性质的物质事物存在与普赖斯的经验论立场相背。他在描述感觉予料的特征时，既说感觉予料是寄生的，仿佛它是物理对象因果性质的副产品，又说坚持感觉予料的中立一元论，仿佛外部世界和心灵中真正实在的最终要素是感觉予料。普赖斯没有意识到两者之间的矛盾，这为他最终解释物质事物带来很大问题。关于这一问题，我将在第五章给出说明。在此只需提及，普赖斯在《休谟的外部世界理论》中明确放弃对感觉予料的本体论设定，回到了休谟式的经验论立场。
③ Price, H. H. Perception [M]. London: Methun & Co., 1932: 168.
④ 视感觉予料与触感觉予料的向外指涉特征主要基于人的视觉和触觉的三维特性。关于这种三维特性的详细论述参见本章第二节。

普赖斯的知觉理论批判

感知到的世界。

普赖斯指出,获得指向心灵之外的感觉予料是人生而具有的一种自然能力。他把这种能力解释为一种维持生命所必需的过程。普赖斯认为,作为一种自然能力,感觉予料的产生除了依赖于我们的心灵感觉能力,还依赖于我们的大脑。作为一种生命器官,大脑掌控多种生命活动和生命能力。其中一种能力就是在接收到物理刺激时,产生特定的感觉予料。通过这些感觉予料,"生命机体向自身展现外部对象,或让它们向自身显现"①。它之所以是维持人类生命所必需的过程,是因为只有凭借不断产生的各种感觉予料,我们才能对周遭环境做出正确的反应。总之普赖斯认为,感觉予料作为一种维持生命必不可少的自然过程,它不仅使我们的知觉意识成为可能,并因此而具有了对外部事物的呈现功能。

作为一种有外部指涉的事件,感觉予料对物质事物的呈现功能(presentative functions) 首先基于它总是伴随感知者的知觉行为和知觉倾向才能出现这一事实。反过来,知觉行为的实现也蕴涵了感觉予料的发生。普赖斯对两者相互依赖关系的界定,我将在第四章进行论述。

(六) 感觉予料是中立的

普赖斯不仅认为感觉予料有外部指涉,总是呈现相应的外部对象性质;而且认为在这个意义上,非幻觉的感觉予料同时也是相应外部事物的组成部分。由此,此刻被我亲知到的感觉予料 s 不仅是我的心灵世界的组成部分,同时也与此刻同属于相应外部对象的其他感觉予料一起构成该外部对象。普赖斯指出:

> "一个没有感觉到任何感觉予料的心灵将缺少思考的材料和情绪的对象。另一方面,有一群属于它的感觉予料似乎也是一棵树的本质中不可或缺的一部分;因为……不通过一群感觉予料(我们)恐怕难以描述某个特定的物质事物。"②

---

① Price, H. H. Perception [M]. London: Methun & Co., 1932: 133-134.
② Price, H. H. Perception [M]. London: Methun & Co., 1932: 137.

第三章 普赖斯对感觉予料的重新界定

在这个意义上,普赖斯坚持感觉予料的中立一元论。在接下来关于"感觉予料之间的关系"论述中,我们将会看到,为了坚持感觉予料的这种中立一元论,普赖斯还发明出一种可能的感觉予料。并且由可能的感觉予料组成的感觉予料家族是普赖斯理解的物质事物中非常重要的一部分(关于物质事物的论述,见本书第五章)。

综上,我们可以把普赖斯所谓的"感觉予料"大致概括为一种寄生性的、无因果性质、位于可感空间中的、对外部事物有呈现功能的心灵事件。在对感觉予料给出以上描述之后,普赖斯需要解决两个问题:一是可感空间与物理空间之间具有怎样的关系?二是如何处理感觉予料的中立一元论与本体论层面的实在论之间的关系?普赖斯对这两个问题的处理,我们留待第五章进行讨论。

第二节 感觉予料之间的关系

一般而言,作为人生而具有的一种自然能力,感知者在清醒时总是持续地获得各种不同的感觉予料。但这些感觉予料作为不断发生的事件,本身又具有瞬时性和不可重复的特征。因此绝大多数感觉予料之间的关系并不是在其发生时就客观存在的,而是感知者在记忆中对他已获得的感觉予料加以排列整合所产生的主观关系。当然这些主观关系的建立也有一定的客观依据,首先,它基于上文所说的最基本的时空形式;其次,在实际的感知经验中还依赖于感知者在以往的感知经验中养成的知觉习惯以及当下的知觉预期。而由基本时空形式所保证的视感觉予料、触感觉予料之间客观存在的空间连续和时间连续关系,则是感觉予料之间最基本的关系,也是其他关系建立的基础。下面我们首先讨论视感觉予料、触感觉予料之间的这种客观的时空关系[①]。

[①] 为方便讨论,我们暂且假定在本节中处理的时空关系都是可感时空关系。因为普赖斯认为一切感觉予料都首先位于特定的可感时空之内。

普赖斯的知觉理论批判

一、连续视域和触域之间客观存在的空间和时间关系

在上一节中提到,任何视感觉予料都只能出现在包含若干视感觉予料的视域之中,构成一个视觉空间。相应地,不同的视域构成不同的视觉空间。那么这些不同的视觉空间相互之间是一种什么关系呢?还是说它们彼此分离,没有内在联系?在普赖斯看来,视域作为最小视觉经验单位,至少相邻视域之间具有时空连续性。普赖斯认为,相邻视域之间的这种时空连续关系使得我们以如此这般的方式看到外部世界成为可能。

普赖斯指出,在时间上前后相继的某些视域,两两之间具有某种空间连续关系。首先考虑感知者 A 在一段时间内持续观察同一个外部对象 M,并获得一系列前后相继的视域 V_1、V_2、V_3、V_4。[①] 对这些视域我们给出如下限定条件:

(1) 这些视域各自在一段时间内(即便非常短暂)持续,而非转瞬即逝。

(2) 两个前后相继的视域在时间和性质上是彼此连续的。

(3) 两个相继的视域在时间中部分重叠。[②]

普赖斯认为,在这些限定条件下,我们就能在两组连续视域(如 V_1V_2 和 V_2V_3)中发现:

(1) 每组中有两个视感觉予料毗连,它们在性质上非常相似,可以认为都指向同一外部对象 M。

(2) 这两个毗连的感觉予料有不同面向。

(3) 在每一组中两个毗连的感觉予料都处于特定的空间关系中,即在其右、其左、其上或其下。

(4) 两组视域中有一个共同的视感觉予料。[③]

---

① 感知者 A 在一段时间内能够持续观察同一个外部对象,是与感觉相伴但不同于感觉的知觉意识。普赖斯关于这种知觉意识的论述详见第四章。

② 普赖斯似乎认为两个相继出现的视域在时间上可以部分重叠,即它们可以同时存在。但这种同时存在是指前一视域在大脑中留下一个后像似的影像,还是指感知者可以同时获得两个前后相继的视域,普赖斯没有明确地解释。

③ Price, H. H. Perception [M]. London: Methun & Co., 1932: 242.

第三章 普赖斯对感觉予料的重新界定

普赖斯指出，正是连续视域之间的这种空间连续关系，才使得我们从已获得的视感觉予料构建任一完整的三维形体成为可能。除了这种空间上的连续关系，连续视域之间还有一种更基本的时间连续关系。这种时间接续关系是感知者能够把视感觉予料加以整合的基础。一个比较典型的例子是我长时间观察同一棵树并保持视点不变。在这次观察中我获得一系列时间连续的视域，其中某一树梢上的几片树叶始终处于视域的中心位置。由于视域之间的这种连续性，我获得的并非一堆杂乱无序的视感觉予料，而是同样的知觉对象（这几片挂在树梢的叶子）从静止到运动再恢复静止的连续知觉过程。① 而其中每一瞬间的特定视感觉予料都处于这一基本的时间连续关系中，最终被我记为描述那一知觉对象（几片挂在树梢的叶子）的一个具有时间连续关系的视感觉予料系列。当然，视域相互之间的这种时空连续关系以我们作为感知者的特定物理和生理条件为基础，同时无时无刻不伴有感知者的身体感觉予料。这些物理和生理条件确保了时空连续关系并非一种主观的、私人的关系，而具有一定的客观性和主体间性。

触域之间的时空连续关系与此类似。在上文论及"感觉予料的产生"时提到，普赖斯认为感觉予料的出现总是处于某个既有环境感觉予料，又有身体感觉予料的"予料总体"之中。从另一个角度说，只要有感觉予料出现，都会有特定的身体感觉予料的出现，其中最主要的就是触觉予料。这些不断出现的触觉予料不仅与感知者的身体状态相关，它们同时也是与环境相关的感觉予料。触觉予料的这种特性使得感知者能够知觉到一个稳定的周边环境。在此只需考虑我们静止地躺着、坐着或行走时，身体相关部位获得的持续稳定的触觉予料。这些持续的触觉予料系列使我们知觉到某些对象（包括我们的身体及与身体接触的那些物理对象）的稳定不变、不可穿透及其他性质。

总之，普赖斯认为视域和触域的发生总是处于某种时空连续性中，这种客观存在的时空关系是我们能够整合所有感觉予料的基础。

---

① 在下一章我们将会看到，感知者在保持视点不变的连续视域中完成了从知觉接受到知觉确信的过程，而不断获得的新的视感觉予料总是作为对特定知觉对象性质的描述而被归给该知觉对象。

二、在记忆中对已获得的众多感觉予料进行整合时可能会有的主观关系

如上文所说，除了在连续视域或触域中获得的某一视觉或触觉予料系列之外，我们还持续地获得各种声音、气味、味道等感觉予料。众多感觉予料不断地出现，留存于感知者的记忆中。这些已经获得的感觉予料彼此之间又具有怎样的关系呢？或者说，感知者以怎样的顺序对其在以往不同时间获得的感觉予料加以排列整合？

（一）视感觉予料相互之间的空间连续关系

普赖斯认为，以视域之间的空间连续关系为基础，感知者能够在记忆中把一系列时间相继、且空间上彼此毗连的视感觉予料整合为一个完整的三维形体。比如，在上文的例子中，A 在每组视域中都亲知到一个可感复合物。通过对这些可感复合物相互之间空间关系的亲知，A 就能够凭借记忆把这一系列视域整合起来，形成一个封闭的三维形体。我们假设这个外部对象 M 是一个火柴盒。A 在刚才对这个火柴盒的观察中，从每一个视域中获得火柴盒一个侧面的视感觉予料 s，并且在对两组视域 V_1V_2 和 V_2V_3 的亲知中看到具有不同面向的 s_1 在 s_2 的左边，s_2 在 s_3 的左边。通过对这两组视域进行综合，A 就能根据两组视域中共同的视感觉予料 s_2 构建出一个 $s_1s_2s_3$ 的三面形。以此类推，A 最终能够构建出一个封闭的长方体 O_1。[1] A 在本次观察经验中，获得一个由 s_1、s_2、s_3…按照特定的时间和空间顺序排列的视感觉予料系列 S_1 以及由该系列构成的一个三维封闭长方体 O_1。我们假设 A 在此后又获得若干感觉予料系列 S_2、S_3、S_4 等。这些感觉予料系列尽管与 S_1 具有不同的时空顺序，但其中的任一感觉予料都与 S_1 系列的某个感觉予料非常相似。比如，s_1' 与 s_1、s_3' 与 s_3 相似，并且这些感觉予料系列都能构建出一个在形状和其他性质方面都与 O_1 非常相似的三维封闭长方体。最终，普赖斯认为在这些具有不同的时空顺序但能构建出相似

---

[1] Price, H. H. Perception [M]. London: Methun & Co., 1932: 217-218.

的三维封闭整体的视感觉予料系列之间，存在着一种"接续无关"（succession-indifference）的相似性关系。① A 在记忆中会把这些彼此相似的长方体标记为同一个对象 O。并且在他今后的观察经验中，一旦出现与以上系列中任一系列相似的若干感觉予料，他都会通过记忆和想象把这些感觉予料构建为 O，而不管这些感觉予料是否具有如 S_1 那样的时空连续关系，也不管这些感觉予料是否足够组成一个三维封闭整体。比如，A 在某次观察时只获得一个关于 M 前表面的视感觉予料，但他凭借记忆和联想在大脑中把该感觉予料自动补充为 O。②

进一步，在 A 对于过往观察经验的记忆中，可能会有关于若干个不同对象的记忆。我们把这些对象记为 B、C、D、E、F。其中的任一对象实际是 A 在多次观察中获得的若干具有"接续无关"的相似关联的视感觉予料系列。而构成 B、C、D、E、F 的各组系列之间同样可以具有"接续无关"的相似关系，也即这些不同系列可以进一步构成一个更复杂的三维封闭固体（在此可以设想 A 观察一栋有多个房间的房子的情形）。也就是说，在以往的多次观察中，A 每次从构成不同对象的任一视感觉予料开始，然后过渡到另一对象的视感觉予料；最终在每一次的观察中 A 都获得彼此相似但时空顺序不同的对象系列，并且这些系列以不同的时空顺序构成一个复杂对象 O_x。A 在记忆中把这些彼此相似的 O_x 记为同一复杂对象 O'，并且在以后的观察中一旦获得若干同属于 O' 的视感觉予料时，A 都能通过想象把这些视感觉予料自动补足为该复杂对象。

总之，由于任一视觉予料系列内部各成员之间有特定的时空连续关系，因此我们能从中构建出一个完整的三维封闭固体。在上文提到的例子中，s_1、s_2、s_3 这样的视感觉予料就被普赖斯称为"核心视感觉予料"。由核心视感觉予料构建而成的三维体被普赖斯称为"标准三维体"，因为它是各类三维形体中的理想型。③ 此外，普赖斯认为，根据"接续无关"的相似性原则，感知者可以对众多相似的视感觉予料系列加以整合，构建出简单对象和复杂对象。

---

① Price, H. H. Perception [M]. London: Methun & Co., 1932: 87.
② Price, H. H. Perception [M]. London: Methun & Co., 1932: 88-95.
③ Price, H. H. Perception [M]. London: Methun & Co., 1932: 222.

普赖斯的知觉理论批判

普赖斯认为,在同一视域的众多视感觉予料中,核心视觉予料是最富立体感的,它处于视域的中心位置,因此距离视点的进深最小。这个视感觉予料正面朝向视点。根据普赖斯对核心视感觉予料以上特性的规定,在任何视域中通常都只能出现一个核心视感觉予料。而在视域的边缘处(用余光瞥见的部分)的视感觉予料最没有立体感或感觉不到进深差异,它们位于距离视点最大进深处。并且在同一视域中出现的这些位于边缘的视感觉予料彼此之间也没有面向差异。普赖斯把这样的视感觉予料称为任一视域中的"平面部分"[1]。在任一视域中除了核心视感觉予料与位于视域边缘处的"平面部分"之外,还有一些位于两者之间的视感觉予料。这些视感觉予料也有不同程度的立体感,并且具有不同的面向和进深,因而具有不同的形状与大小。普赖斯认为,由于这些视感觉予料的立体感特征,它们中的一部分相互间也具有与核心视感觉予料之间相似的空间连续关系,也即 A 在记忆中也能把这样的视感觉予料系列构建成一个完整的三维形体。只不过从这一类视感觉予料能够构建出何种三维形体,"在很大程度上依赖于我们的知觉预期"[2]。并且这类三维形体总是其相应的标准三维形体的变形。

这里我们讨论的是感知者在记忆中根据视感觉予料之间的空间关系进行的整合和建构,下面我们将会讨论视感觉予料相互之间的时间关系。

(二) 视感觉予料之间的时间接续关系

我们首先处理那些具有时间和性质连续关系的视感觉予料系列。比如,A 在某一时间段内持续地观察一盏台灯,并获得一系列彼此相似的视感觉予料 $s_1……s_{10}$,记为系列 S_1。在下一次的观察中他又获得与 S_1 极为相似的一组视感觉予料系列 S_2,直到 S_n。这些系列内部各视感觉予料之间除了其发生时的时间接续关系之外,还有性质(如一样的形状、颜色、亮度等)的相似或连续关系。A 通过对记忆中这些视感觉予料系列的相似性比较,最终把这若干不同系列统一记为 S。此后 A 在获得与 S 相似的任一视

---

[1] Price, H. H. Perception [M]. London: Methun & Co., 1932: 218.
[2] Price, H. H. Perception [M]. London: Methun & Co., 1932: 220.

第三章 普赖斯对感觉予料的重新界定

感觉予料系列时,无论这个系列由更多或更少的彼此相似的视感觉予料构成,A 都会在获得这一系列时产生 S 的联想,并把这一系列纳入 S。

在另一种情形下具有时间接续关系的若干视感觉予料之间可能没有任何性质的相似性关系,但它们在多个系列中总以相似的顺序出现(在此设想一颗石头落入湖中的情形)。比如,两个系列 S_1 和 S_2,它们不仅具有相似的、数量相同的视感觉予料,而且这些相似的视感觉予料在各自系列中都以相同的顺序出现。我们可以想象在 A 的记忆中有多个这样的系列存在,并被 A 记为 E。此后 A 在某一观察中获得与属于 E 的任一系列中相似的任意视感觉予料时,A 都会产生 E 的联想,并由此推想出此前或其后可能出现的视感觉予料。普赖斯认为,在以上两种情形下,这些视感觉予料系列具有一种"间隔无关"(gap-indifference)的相似关系。[①] 也即是说,只要一个视感觉予料系列保持某一性质的连续或相似,或者其顺序与属于 E 的任一系列相似;那么哪怕该系列内部的视感觉予料之间时间间隔很长,又或中间缺少若干视感觉予料,它都是属于 E 的一个系列。

在普赖斯看来,视感觉予料之间的"接续无关"和"间隔无关"是感知者对以往获得的若干视感觉予料系列进行排列整合的两个基本原则。另外,普赖斯还指出这两种关系在若干不同的视感觉予料系列之间往往是交织并存的。比如,某个空间连续系列为 a、b、c、d,另一个与之相似的系列为 b`、c`、d`、a`等。在这一组系列中,同时又包含以相似性质组成的若干系列,即 a、a`⋯b、b`⋯c、c`⋯d、d`等。在此我们可以设想 A 多次观察同一所房屋或同一个火柴盒的情形。他在多次观察中不仅获得彼此相似的空间毗连系列组,同时他也获得由构成这一组的视感觉予料组合而成的若干性质相似系列组。

此外,在以上对这两种关系的论述中我们还可以看到,感知者在对多次观察获得的视感觉予料系列进行整合时,总以对外部对象的某些知觉预设为前提。比如,我们总假定物理对象是三维封闭固体,且具有相对稳定的性质。此外,我们还预设某些物理事件会重复出现(如石头入水会激起

---

① Price, H. H. Hume's Theory of the External World [M]. London: Oxford University Press, 1940: 71-79.

涟漪）。这样的知觉设定当然与感觉予料出现的时空形式有关，但它们同时也是我们在知觉接受时直接认定的事实。在下一章关于知觉接受的论述中我们将会看到，在知觉行为发生时，任何物理对象都是以这样的形式被感知者接受的。进而，普赖斯指出，在这两种彼此镶嵌和交织的关系中，空间连续比时间接续更为基础和重要。因为单靠时间接续关系，我们仅能在记忆中构想出某个具有持续可感性质的对象（如 S），或某个事件、过程（如 E）；但我们不可能获得一个三维封闭整体的对象记忆（如 O）。由此普赖斯认为，那些构成核心三维体的核心视感觉予料，在 A 的记忆中具有最清晰的印象。因为核心视感觉予料不仅具有空间关系上的优越性，相比其他视感觉予料，由于它们通常处于视域中的最佳观察进深，因而还对其指向的知觉对象性质具有最佳呈现特征。而关于 O 的持续性质 S 和事件 E 的视感觉予料系列则在记忆中具有次一级的位置，也即它们都必须与 O 发生关联才可能被记住。最终，依据时空连续关系，A 能在记忆中整合出与 O 相关的一切感觉予料，并形成一个感觉予料家族 F（O）。

> "核心三维体统一整个系统，是所有变形系列和差别系列的共同界线，被称为这一系统的标准固体；它的形状被称为标准形体。组成标准固体、变形系列和差别系列的所有感觉予料被称为感觉予料家族。"①

在第四章论述"知觉确信"时我们将会看到，这个感觉予料家族，尤其是其中的核心视感觉予料，是 A 在未来观察中获得关于知觉对象 O 的存在及性质的知觉确信的关键。

在一个感觉予料家族中，核心视感觉予料之间的空间连续关系是最基本的，而其他性质的感觉予料（如关于颜色、硬度、声音、气味等的感觉予料），则总是处于与这些核心视感觉予料的关联之中。具体言之，颜色、形状等性质总是与空间位置相伴呈现于每一个视感觉予料之中，而软硬、温凉、声音、气味等其他性质的感觉予料在家族中的位置首先取决于这些感觉予料与核心视感觉予料之间的关系。此外，幻觉不属于任何家族，而

---

① Price, H. H. Perception [M]. London: Methun & Co., 1932: 227.

第三章 普赖斯对感觉予料的重新界定

错觉虽然属于某个家族，但它在我们认为的那个家族中不占有任何位置。①

（三）属于同一对象、具有不同的第二性质的视感觉予料之间的关系

在感知经验中最丰富和多变的通常是被称为物质事物第二性质的感觉予料，它们具有不同的颜色、明暗、形状等可感性质。在那些表现知觉对象第二性质的视感觉予料之间，我们也能找到某种关系。具体而言，在某个感觉予料家族 F（O）中，必定有一些视感觉予料，它们表现出不同的颜色、纹路和形状等。比如，关于同一知觉对象 O，A 曾经获得一些蓝色、紫色、绿色和其他颜色的视感觉予料。但在这些具有不同颜色的视感觉予料中，蓝色的视感觉予料是 A 在正常的观察条件下经常获得的。相比而言，其他颜色的视感觉予料出现的频率则较少。在此我们就可以说对 A 而言，蓝色是 O 的标准颜色，而其他颜色则是对蓝色的偏离（divergence）。

（四）身体感觉予料之间的关系

在上文中提到，任何感觉予料发生时，通常都伴有以触觉予料为主的身体感觉予料。这些触觉予料一方面向我们呈现外部对象的某些性质，另一方面也同时呈现感知者的身体感觉。对于这些以触觉予料为主的身体予料，普赖斯认为，它们是众多感觉予料中非常特殊的一类，也即身体予料在任一特定时刻都以实心的柱形整体的形式出现，并且没有任何可感面向。在这一柱形整体的身体予料中，某一部位的特定触觉、运动感觉予料或疼痛感都只是其中的突出部分。它们显示了某种特定的可感性质，但仍然属于这个整体的身体予料。由身体予料组成的感觉予料系列是持续的，它属于同一知觉对象并且性质稳定。普赖斯因此认为，在构成三维形体的众多感觉予料系列中，身体予料系列是其他感觉予料家族的模型（model）。首先，它是唯一不需要空间综合也不会出现形状错觉的感觉予料系列。换言之，感知者感觉到的身体予料总是一个具有部分的三维整体。其次，只要感知者处于清醒状态，他就会获得一个时间连续、没有中断的身

---

① Price, H. H. Perception [M]. London: Methun & Co., 1932: 217.

体予料系列。①

（五）可能的或可获得的感觉予料

以上我们讨论的是已经出现的感觉予料相互间的关系以及如何根据这些关系对其进行整合。但在《知觉》和《休谟关于外部世界的理论》中，普赖斯在另一些地方又从这些已获得的感觉予料扩展开来，试图对已出现和未出现的感觉予料加以总体论述。其论述大致如下：

上文提到对于任何知觉对象 O，都有一个相应的感觉予料家族 F(O)。普赖斯认为，任何感觉予料家族都以整体的形式在时间中持存（他在文中某些地方又提到，物理对象的持存也就意味着其相应的感觉予料家族的持存）。至于构成家族的众多感觉予料，尽管它们不可能同时呈现给感知者，但它们作为可能的感觉予料共同持续存在。"因此一个家族首先是一个有秩序的可能感觉予料系统，其中的一些也碰巧是真的；而其实现（或真）尽管对我们关于该家族的知识而言是至关重要的，但对于家族本身的存在和构成则无足轻重。"② 在这个主要由可能感觉予料组成的感觉予料家族中，不仅有那些由核心视感觉予料构成的核心三维体或标准固体，还有构成标准固体的变形及呈现该标准固体各种第二性质的其他感觉予料。而这一标准固体的标准大小、形状、颜色和位置等都由其核心视感觉予料决定，并且它们也是该家族的标准大小、形状、颜色和位置。除此之外，当多个知觉对象同时并存时，其各自家族中标准固体相互间的位置关系决定各知觉对象在物理空间中的位置关系。或者说，这样的位置关系共同构成知觉对象所在的物理空间。

从以上论述可以看出，普赖斯把构成予料家族的众多可能感觉予料看作主体间的客观存在，并且这种客观存在的可能感觉予料家族是物质事物的重要组成部分。至于如何协调主体间的可能感觉予料与私人的已获得感觉予料之间的冲突，普赖斯如何进一步解决感觉予料的中立一元论与他所坚持的实在论立场之间的矛盾，我将在本书第五章展开论述。

---

① Price, H. H. Perception [M]. London: Methun & Co., 1932: 231-234.
② Price, H. H. Perception [M]. London: Methun & Co., 1932: 262.

第四章　普赖斯论知觉行为

第一节　知觉接受

一、对知觉意识的状态描述

上文提到，对感觉预料的感觉行为和对物质事物的知觉行为，普赖斯做了明确区分。按照他的观点，在任何感官知觉行为中，感知者获得若干感觉预料的同时总是伴随着某种知觉意识。对感觉预料的感觉状态被他描述为亲知或直觉，属于认知行为；但普赖斯认为，知觉意识不是亲知或关于其他事实的认知行为，因为知觉行为获得的对象很可能是对观察对象的错误镜映或虚构的。[①]

那么对这种知觉意识我们该如何描述呢？在知觉哲学史上，里德是第一个明确区分感觉和知觉的哲学家。普赖斯的知觉理论在很大程度上受里德的影响。在介绍普赖斯关于知觉意识的观点之前，我先对里德的理论做一个简要介绍。

（一）里德的知觉理论

里德坚持直接实在论立场，即认为我们在感知中直接经验到外部对

---

① Price, H. H. Perception [M]. London: Methun & Co., 1932: 139.

象。其用意之一是反对笛卡尔的心物二元论。如哈特费尔德所说：

"在里德看来，笛卡尔宣称认识自身心灵的内容是最完满的，断言知识的直接对象是心灵中的'观念'，其结果是割裂心灵与世界，是将心灵置于'知觉的幕布'背后。里德及其他人，包括经验主义者休谟，摈弃笛卡尔的论断，即我们的理智观念直接展示事物的本来面貌。"①

在其知觉理论中，里德明确提出感官知觉由感觉和知觉组成②，并认为这是两类完全不同的过程。在感觉过程中，我们不能区分出不同于感觉行为的感觉对象；换言之，感觉与对该感觉的体验是一回事，如疼痛和对疼痛的感受。③ 此外，感觉也不暗含任何外部对象的概念或信念。它只需要一个感觉者和该感觉者以某种方式被影响。④ 而知觉则必定有某个外部对象，并且知觉过程至少包含如下三方面要素：

（1）它必定包含了被知觉对象的概念。

（2）它包含对该对象当下存在的强烈信念。

（3）该信念是直接的，而非推理的结果。⑤

尽管感觉与知觉如此不同，但两者在实际的感知经验中又几乎总是同时发生并被认作一个相同的行为。⑥

至于知觉对象，里德认为它主要包含如下几类：一类是物质事物的第一性质；一类是物质事物的第二性质；其他还包括我们自己的身体状况、机械力、药力、动植物力等。而这些知觉对象所归属的特定实体（sub-

---

① 哈特费尔德. 笛卡尔与《第一哲学沉思集》[M]. 尚新建，译. 桂林：广西师范大学出版社，2007：33-34.

② 里德认为，感觉和知觉的区分是事实层面的，而不仅仅是解释的角度不同。史密斯（Smith, A. D.）认为，里德持一种知觉"双成分"（dual component）理论，即感觉有现象内容，但它是非认知的；而知觉则必定涉及关于对象的判断。

③ Reid, T. Essays on the Intellectual Powers of Man [M]. Cambridge and London：the M. I. T. Press, 1969：243.

④ Reid, T. Essays on the Intellectual Powers of Man [M]. Cambridge and London：the M. I. T. Press, 1969：249.

⑤ Reid, T. Essays on the Intellectual Powers of Man [M]. Cambridge and London：the M. I. T. Press, 1969：111-112.

⑥ 里德在此显然没有考虑无知觉的纯感觉情形。

第四章 普赖斯论知觉行为

stance）的存在，则是我们通过理性判断得出的。里德认为我们对形体、固态、广延、运动等第一性质有清晰、直接的知觉。但我们对第二性质的知觉则需通过相应的感觉，因为它是作为相应感觉的未知原因而存在的。①

在处理错觉或幻觉时，里德指出错觉或幻觉不可能来自感觉本身，因为感觉就其自身而言没有犯错的可能，它就是感觉者所感觉或意识的那样。在这个意义上，里德认为感觉不能帮助我们获得关于知觉对象及其性质的知识，因此它是认知无关的，不能为我们关于物理对象知识的错误负责。在里德看来，错觉或幻觉的出现只能发生在对外部对象的知觉中，由于我们仓促的判断或错误的知觉倾向及对自然规律不熟悉等原因所导致。比如，感知者 A 看到一个仿真的苹果，感知到它的形状、气味和颜色与真的苹果极其相似，因此错误地判断其知觉到的性质都来自一个真的苹果。又或者幼儿在不知道镜子为何物时看到镜中的自己，错误地以为对面站着另一个小孩。②

按照里德的解释，我们关于外部世界的一切都是以知觉为基础、通过知觉过程获得的。而感觉则不是我们知觉外物的基础，而只是带给我们愉悦或痛苦等情绪，仅仅起到影响我们的兴趣和注意的作用。这与我们对感知经验的日常理解显然存在巨大差异。当我们感觉到任何由外物的第二性质所引起的感觉内容时，如看到白色或听到轻柔的琴声、触摸到温暖或冰凉的表面等，我们都自然地把这些感觉内容归给相应的外部对象。我们说那个苹果是红色的，而不说那个苹果让我看到红色；我们说那架钢琴弹出的乐音很优美，而不说那架钢琴引起优美的声音。总而言之，正如普赖斯所说，我们在实际的感知经验中总是自然地认为我们的任何感觉内容都是指向外物的。由此，即便我们的感觉经验不是我们感知和了解外部世界的唯一方式，至少也是非常重要的路径之一。里德的问题在于把关于颜色、冷热、声音等性质的感觉混同于痛苦、愉悦之类的情绪感受，从而断言这些所谓的第二性质如同情绪一样充满变化、

---

① Reid, T. Essays on the Intellectual Powers of Man [M]. Cambridge and London: the M.I.T. Press, 1969: 254.

② Reid, T. Essays on the Intellectual Powers of Man [M]. Cambridge and London: the M.I.T. Press, 1969: 311–321.

普赖斯的知觉理论批判

且是非常主观的。他的这种观点多少受到洛克的影响。在洛克看来,第二性质的产生依赖于诸多环境因素的变化,因此它不可能与引起它的外物性质有任何相似之处。

里德自己也意识到这一问题,因此他有时又说感觉与知觉之间有某种认知关系,即他认为感觉是可知觉性质的自然符号。"每个不同的知觉都有一个专门的感觉与之相连。一个是符号,另一个是被表示的事物。"① 作为可知觉性质的自然符号,感觉与知觉之间的关系就如同脸部表情与情绪之间的关系一样。我们不可能察觉他人情绪,除非通过他的脸部表情。与此相似,里德认为感觉暗含了可知觉性质。由此两者间的关系可以被重新描述为:"当任何感觉经验发生时,都必定有相应的知觉经验的发生,并且前者暗示了特定知觉经验中向感知者呈现的特定可知觉性质。"里德认为两者间的这种自然关系并非习惯的产物,而是基于"我们心灵的最初构造"②。但里德对两者间关系的这种处理显然与他对知觉和感觉的定义相冲突。按照他给出的知觉描述,在知觉过程中对某对象的把握是直接的、而非间接的推论过程。但如果知觉性质变成了被感觉所暗示的事物,那么我们就只能通过感觉来获知其相应的知觉性质,而非以直接经验的方式。如此一来,知觉又变成了如因果论者所说的间接推论过程。

作为哲学史上第一位明确区分感觉和知觉的哲学家,里德的知觉理论显然存在很多前后矛盾和语焉不详之处。但是普赖斯的知觉理论的确受到里德的启发。当然里德理论中遇到的困难和问题也是普赖斯的知觉理论亟待处理的问题。大体而言,这些问题包括:

(1) 感觉与知觉之间到底是一种什么样的关系?换言之,感觉与知觉的关系,除了如里德所说仅仅具有事实上的同时关系以及如因果论者所说具有因果推导关系之外,还有没有第三种可能?

(2) 知觉作为一种包含概念的直接信念状态,是如何可能的?

---

① Reid, T. Essays on the Intellectual Powers of Man [M]. Cambridge and London: the M. I. T. Press, 1969: 249.

② Reid, T. Essays on the Intellectual Powers of Man [M]. Cambridge and London: the M. I. T. Press, 1969: 249.

（二）普赖斯对知觉基本结构的分析

前面提到，里德把知觉行为描述为有概念参与的直接信念。普赖斯则认为信念不可能是直接的，而只能是使用证据的理性推论。原因在于，"相信 S 是 P"至少应包含三个要件：

(1) 意识到某些事实，并且知道这些事实是 S 是 P 的证据。

(2) 相信者同时知道这些证据并非 S 是 P 的充分必要条件。

(3) 对于 S 是 P 的信念，可以有程度上的变化，并始终暗含 S 是 P 的可错性。①

由此看来，"相信 S 是 P"和"知道 S 是 P"一样，都需要证据。只不过"相信"所需的证据不如"知道"所需证据那么充分。也就是说，支持"我相信 S 是 P"这一信念的那些证据无法证成我的信念；因为按照普赖斯对信念的规定，在信念中总是包含怀疑其为假的可能性。普赖斯认为，当我获得某个特定的感觉予料，并把它提供给某些哲学家时，他们的确可以以它的存在及性质作为证据，借以获得某物质事物存在的信念或证明其存在。但当最简单的知觉接受发生时，我所处的心灵状态不同于"相信 P 是可能的"或"知道 P 是真的"这类使用证据和推论的心灵状态。那么这是一种什么样的心灵状态呢？

普赖斯对这类心灵状态的考察从最简单的知觉行为开始。在我们日常的感知经验中，由于在对特定对象的知觉过程中已经掺杂了过往经验所形成的某些习惯性倾向，因此普赖斯建议对这类心灵状态的考察先从最简单和最初始的知觉行为开始。也就是说，考察某个特定的单一感官知觉中发生的知觉行为，而不考虑它与其他知觉经验之间的关系。普赖斯认为，在这种简单知觉中，我们所产生的知觉意识是一种不同于认知的心灵状态，一种"处于使用证据之下"的状态。② 这种状态类似于我们在全神贯注看一本小说、尚未对其中的故事情节产生怀疑或反思时所处的状态。比如，当我读到"孙悟空三打白骨精"时，我不会把这里的

---

① Price, H. H. Perception [M]. London: Methun & Co., 1932: 139-140.

② Price, H. H. Perception [M]. London: Methun & Co., 1932: 140.

所有汉字所表达的意义做一个系统的解读，并以之作为"孙悟空三打白骨精"这一故事的证据。当我全情投入看这些文字时，孙悟空打白骨精的画面是在我脑海中同时出现的。或者说，文字以及文字所描述的整个情节在我的大脑中同步进行，使得我当下无法在两者间做出任何区分。普赖斯认为，在单一感官知觉行为发生时，对特定感觉预料的亲知和对相应物质事物的知觉意识类似于这种状况。也就是说，在任一感知经验发生时，感知者都会在当下把亲知到的感觉预料当作对相应知觉对象的性质呈现，自然地将其归给该知觉对象。而两者间的不同则只能在事后分析中才能区分出来。普赖斯因此把这种知觉意识状态描述为缺乏怀疑、接受或认定，并把这种状态命名为"知觉接受"（perceptual acceptance）。[①]

简而言之，单一感官知觉经验与阅读经验的相似性在于：在阅读过程中文字必定处于意义之中。或者说，任何阅读经验都预设了某个意义的整体结构，无论这一整体结构在阅读之初如何含混和模糊。正是这一结构预设才使得文字能够按一定的秩序出现并被阅读者记住。假若没有这一预设，那么阅读经验将极其类似地球人看火星文字的情形。它甚至不能被看作文字，因此只能是一堆杂乱、无意义的符号。与此类似，任一感官知觉行为发生时，知觉者总是在知觉接受中获得一个作为整体的对象，它使得感觉预料出现于某一特定的结构和秩序中。假若没有这一知觉对象，那么感觉预料也将是杂乱和无意义的。在任一感知经验中都包含的这种对对象的整体把握即是普赖斯所说的那种最基本形式的知觉状态。

为了说明我们在知觉接受时的确获得某个作为整体的对象，普赖斯强调知觉意识的类直觉特征。也就是说，普赖斯试图阐明知觉行为与亲知类似，是直接发生或出现的，并且在其中我们对物质事物有某种直接的把握。在这个意义上，他所说的基本知觉意识类似于里德所描述的直接信念，尽管他们使用的术语有所不同。当然，普赖斯并不强调这种整

---

① Price, H. H. Perception [M]. London: Methun & Co., 1932: 142.

第四章 普赖斯论知觉行为

体把握必定以概念的形式出现。① 借助知觉的类直觉特征，普赖斯试图把知觉与推论加以明确区分，以避免因果推导论者对他的理论加以误解或利用。

普赖斯进一步把这种类直觉特征表述为如下几个方面。首先，在任一知觉发生时，我们对于那个对象的意识和把握都是整体的，无论这个对象小如绣花针或大如山脉。在知觉意识中当下呈现的总是一个作为整体的对象。这显然不同于推论，因为在推论中总是从部分（前提或假设）向结论或论证整体的过渡过程。比如，感知者 A 在观察面前的一座房屋时的情形。在看到第一眼时，他不仅获得某些关于这座房屋性质的视感觉予料，同时他直接地对这座房屋作为整体有了一个粗略的知觉意识，或者说这座房屋作为整体呈现给他了。A 在当下并未经过漫长的推论或联想过程，以便把房屋的前表面、侧表面和后面等不同方位的视域中曾经获得、当下获得及未来可能获得的视感觉予料加以分析综合，并最终在大脑中建构出一座作为整体的房屋。其次，知觉意识如亲知一样是被动的，或者说一个知觉意识的出现或产生主要取决于对象。只要感知者让自己处于恰当的身体和心灵状态，特定的物理对象自然会呈现给他的意识。他只需要接受该对象的呈现，而不需做出其他努力。当然同一个对象被感知者接受为一座房屋或一个大长方体或其他，这取决于感知者的过往经验及知识储备（过往经验所形成的知觉倾向对任一知觉行为的影响，我将在"知觉确信"一节

---

① 关于知觉中能否有非概念内容，哲学家们有不同的看法。有人认为，知觉中只有非概念内容或信息，而没有概念和判断。此类观点可参见 Evans, 1982; Peacocke, 1983; and Crane T. The Non-conceptual Content of Experience. Crane T. ed., 1992。另有人认为，知觉中既包含非概念内容，又包含概念内容。此类观点的代表人物是米勒。米勒用非概念内容来解释知觉经验的现象特征，用概念内容来解释知觉的认知特征。按照他的观点，知觉经验的现象特征完全独立于概念，且非概念内容不必以"对象+性质"的形式出现。在《心灵与世界》一书中，王华平也区分涉及概念和判断的知觉行为以及无概念的动物知觉。前者的例子如"我看到一架飞机"，在这种知觉中"过去的经验以假设、期望或图式的形式起作用"（王华平，2009：192）。动物知觉则是成人与婴儿或动物共有的最基本的知觉能力。比如婴儿或一只狗虽然没有任何概念，但看到我的笑脸时会回以微笑或摇尾巴。这与成人看到一张笑脸的反应是一样的。王华平把这种动物知觉理解为认知的，因为它"向感知者传达了关于环境的信息"（王华平，2009：194）；而把判断的知觉理解为识别的，并且指出"认知逻辑上先于识别"。按照王华平的观点，非概念的动物知觉并非独立于但先于概念知觉。这比较接近于普赖斯的观点，即非概念的知觉接受先于知觉确信，且两者都是对对象的知觉。在本书中，我将借用王华平的区分来理解普赖斯的知觉接受和知觉确信，把前者看作无概念的、把后者看作包含判断的信念状态。

进行论述)。但在知觉意识发生当下,感知者的大脑处于被动接受状态。推理则是主动的,它从问题或困惑开始,是全神贯注积极寻找结论或答案的过程。在此要注意区分"知觉到某对象为 S(如一张桌子)"与"知觉到某对象"。普赖斯在此讨论的对某对象的知觉接受是后一种形式而非前一种。把某物知觉为某物而非他物当然取决于知觉者以往积累获得的意识倾向,但把某物知觉为一个整体则不由此决定。这正如某些心理学的测试图案,尽管不同的人会从中看出不同的东西,但所有人都会看到某个具有相应特征的整体。

普赖斯最后指出,即使知觉如此类似于直觉,我们也只能说它是伪直觉的(pseudo-intuitive)而非直觉的。原因在于知觉经验中大量幻觉和错觉的存在。很难想象一个人可以直觉到一只并不存在的粉红色老鼠,尽管他当时的确知觉到了。

由此,当任何单一感知经验发生时,我们都可以将其结构分析为如下形式:感知者 A 感觉到一些感觉予料,同时知觉到相应的外部对象并对其存在和性质有所认定。如果我们把感知者作为任何感知经验发生的必要条件不予考虑的话,那么处于知觉接受阶段的任一感知经验都包含以下四个要素:

(1)感觉。

(2)特定感觉予料。

(3)知觉行为。

(4)相应知觉对象的存在认定。

这种结构分析不仅适用于真实的感知经验,也适用于错觉和幻觉经验。比如,某人看到一只粉红色的老鼠。普赖斯认为,此人当下的知觉经验包含以下四个要素:

(1)感觉。

(2)某个特定的粉红色表面。

(3)知觉行为。

(4)作为知觉对象的这只老鼠及对其存在的认定。

在这四个要素中,前三者都是实在的、真实的,只有第四个要素不具有实在性①，也即只有作为知觉对象的这只老鼠是不实在的。② 但"这只老鼠并不存在"这一判断不能从当下的这一知觉经验做出，相反在任何知觉意识中（不考虑其对象是否是真实存在的）都包含知觉主体的某种"认定其为真"的轻信态度。由此任何单个感知行为中的知觉对象都具有一种最初印象（prima facie）的特征。这一特征决定任何单一知觉行为都是临时的、需要随后的知觉行为加以确证（confirmation）。因此我们也可以说任一知觉意识都具有不同的明确程度，也即它所意识到的对象可以从"天空中一个白色的影子"到"一架波音777飞机"。而对感觉予料的感觉或亲知显然谈不上明确程度的差异。因为感觉作为接受予料的意识行为，要么接受并感觉到当下予料的全部，要么没有任何予料因此毫无感觉。并且作为一种直观的意识形式，对它提出验证要求是荒唐的。

二、知觉接受的一般形式

通过上文对单一感知经验的状态分析，我们可以看出在处于知觉接受阶段的任一感知经验中，被感知者认定的内容都包含如下三个层面：

（1）作为整体的物理对象 M。

（2）此刻获得的感觉予料 s 在事实上属于 M。

（3）s 详述了（specify）M。

这种"属于"或"详述"关系到底是一种什么关系呢？知觉者认定的显然不是"s 是 M 表面的一部分或与 M 的某表面部分重合"。如第三章所述，视感觉予料和触感觉予料所在的视域或触域所形成的可感空间不同于物理空间。普赖斯认为，在知觉接受阶段，我们尚未提出"s 是否属于物理空间"这样的问题，因为知觉接受不是一种可以进行理性推导的认知状态。进而，"与其说断言了 s 与该表面的同一，不如说我们尚未断言两者间的不同"③（感觉予料与物质事物之间的空间关系留待第五章进行论述）。

---

① 普赖斯指出，"知觉对象"应该理解为某种"意识对象"，而非"知识的对象"。作为一种特殊的意识对象 x，对 x 的意识不蕴涵该对象具有类似于亲知对象那样的实在性。

② Price, H. H. Perception [M]. London：Methun & Co., 1932：148.

③ Price, H. H. Perception [M]. London：Methun & Co., 1932：143.

普赖斯认为,我们最多可以说,此刻获得的感觉予料或多或少地限制了 M 呈现的可能性。例如,一个三角形的核心视感觉予料让我们排除该物理对象 M 前表面是正方形或圆形的可能。该物理对象前表面在当下所呈现出的一般特征及其清晰程度当然取决于当下获得的视感觉予料。但普赖斯指出,我们不能认为感知者在感知当下即认定两者为同一的,尽管他没能对两者做出区分。在这个意义上普赖斯认为知觉接受的消极意义大于其积极意义,也即知觉者在知觉接受中并非积极地认定某感觉予料与相应的物质事物具有如此这般的关系,或把感觉予料等同于相应的物质事物,而只是没有能对该感觉予料与物质事物做出正确的区分。总之在单一的感官知觉中,当感知者获得某视感觉予料或触感觉予料的同时,在知觉意识中他也同时认定了作为对象整体的相应物质事物的存在以及前者对后者前表面某一般特征的刻画。这种认定在事实层面的真实性则有待在接下来的若干知觉行为中进一步确证。

总之,普赖斯指出,在知觉接受中知觉者认定的内容总包含一个作为整体的知觉对象及关于这一对象的某特性或谓词,也即知觉者感知到的是"具有某特性的 M"。这一特性由当下获得的感觉予料提供。并且就该感觉予料自身而言,它没有进一步明确的可能。但由于任何感觉予料总是被归给其所指向的外部对象 M,就知觉者对 M 的存在及具有该特征的认定而言,这种认定的确证则依赖于此后的系列知觉行为。普赖斯把其内容总呈现为"如此这般的某物"的知觉接受称为前判断的。它不同于质疑或从前提到结论、从主项到谓项的认知行为,因为当某人知觉到如此这般的某物时,他的心灵状态是完全被动的。普赖斯认为这种前判断的知觉接受行为是相关判断的必要条件。[①] 当某人做出"这张桌子需要打扫""这个水池里水太少"等这类判断时,总以他对一张脏乱的桌子、水池里满是青苔和泥土等的知觉接受作为必要条件。普赖斯认为,判断中总包含某个观察或意识对象和判断者自身的发问,而不可能仅仅包含某个呈现的事实和判断者没有发问的接受态度。进而普赖斯指出,作为判断条件的知觉接受行为不

[①] 在研究知觉行为时,的确有些哲学家坚持任何知觉行为都必然涉及判断。关于这种知觉判断论的主要观点及其问题的相关论述,可以参见王华平《心灵与世界》一书中"知觉与判断"一节。

可能成为一个完整的认知或判断行为,因为它只给我们提供了某个待思考或判断的主项。由此我们可以说普赖斯所理解的判断或思考对象并非某个独立的物质事物 M,而是具有如此这般性质的 M,也即在主项这一侧实际包含了知觉对象和当下的感觉予料。当我们把这样的主项归给知觉接受时,我们可以说在知觉接受中我们"认定的是一系列命题"①。普赖斯在此似乎用"命题"一词来强调知觉接受总是包含某知觉对象与感觉予料的同时认定或接受,而非果真认为知觉接受由命题组成。② 相反,一旦把知觉接受表达为命题,它就不再是知觉接受而成为判断了。当然把这两者都归为判断或思考的主项一侧恰好证明了知觉接受的类直觉特征,也符合普赖斯对知觉接受状态的最初描述。假如某人坚持知觉接受可以是一个完整的判断活动,进而把主项限定为当下被给予的感觉予料,那么普赖斯就会说这样将导致我们的认知只能以感觉予料为界限,最终成为某种缺少外部指向的心灵内部活动。如果我们对知觉接受持这样的理解,那么就等于把感觉予料作为判断对象。正如王华平所指出的那样,这又将导致间接实在论。③

三、对知觉接受的行为主义解释及普赖斯的反驳

1914 年在圣·霍普金斯大学任教授的华生(Watson, J. B.)出版《行为》一书,在这本书中他宣布心理学是用客观方法对行为的研究。随后,在知觉哲学中出现以这一原则来解释知觉经验的行为主义者。他们认为一切心灵事实或事件都能被分析为特定的行为或行为倾向。在感知经验中,所谓的知觉接受就是感知者在接收到特定刺激时所做出的身体反应。感知者的特定身体反应(转头、躲闪、发出言词、抬腿等)使得我们认为他果

---

① Price, H. H. Perception [M]. London: Methun & Co., 1932: 166.
② 普赖斯认为,知觉接受必定以"对象+性质"的形式出现,这与费什(Fish, W.)的观点一致。尽管两人对知觉经验的本质有完全不同的理解。费什认为,这是我们在知觉中经验世界的基本形式。他把这一形式视为事实结构,以与对象相区分。费什认为,这样的事实而非单独的对象或性质是实在的最基本成分。费什同时强调,这样的"事实"并没有暗含它与命题之间具有怎样的关系(Fish, W. Perception, Hallucination, and Illusion [M]. New York: Oxford, 2009: 52)。当普赖斯说在知觉接受中"认定的是一系列命题"时,他所说的命题与费什所说的事实具有相似的含义。
③ 王华平. 心灵与世界 [M]. 北京:中国社会科学出版社,2009: 195.

普赖斯的知觉理论批判

真看到了特定物理对象的存在及其状态和性质。但实际上感知者本人对该对象没有任何意识，或处于意识的缺乏状态。比如，A 看到前方飞来一块石头，他实际上只看到了一系列形状不断变大的圆形感觉予料，在看到这些视感觉予料的同时 A 做出了躲闪的动作。但他实际上并没有意识到或看到石头本身。由此这些哲学家把知觉称为"一种心理-生理过程"①。

普赖斯指出，提出或支持这种生理学解释的人，其依据最终来自对他人在感知经验发生时的身体反应所做的观察，也即来自对他人身体的知觉意识。但他们在解释他人的知觉意识时，又企图把这种意识还原为包括言语行为在内的各种身体调节行为或身体表征。这显然犯了本末倒置的错误。具体而言，这种解释的问题在于：

首先，假设感知者 A 突然举起一只手在空中挥舞。若仅凭对 A 这一举动的观察，我们并不能正确地解释 A 此刻知觉到什么以致做出这样的身体反应。此刻，A 可能看到远处的某个朋友，因此他向朋友挥手致意。或者 A 只是感觉空气如此清新、天空如此美丽，因此他单纯地伸手向天，表达自己的欣喜之情。又或者 A 此刻正焦急地等待出租车。因为过分焦急，他眼前出现一辆出租车的幻觉。他向这辆并不存在的出租车招手。总而言之，对 A 的行为的解释必须依赖于他此前的知觉经验，而非相反。此外，把知觉还原为感知者特定的身体反应，也无法解释感知者在类似的感知经验发生时其身体反应的差别。比如，A 第一次看到向他飞来的足球和 A 第二、第三次看到这个飞来的足球时所做出的不同身体反应。用生理学来解释我们的知觉行为，实际上是完全无视我们在日常感知经验中遭遇不同情形以及各种感知经验（包括幻觉和错觉）发生时，我们知觉到的各种细微差别。而正是对这种种细微差别的觉察，造成我们不同的身体反应。

其次，在大量感知经验发生时我们通常除了发出言词之外，没有其他的身体反应。如果言语行为也被解释为单纯的身体调节行为或身体反应，那么我们在谈论某个对象时我们到底在谈论什么呢？比如，几个感知者坐在桌边聊天，等着另一个朋友约翰。这时门铃响了，然后其中一个感知者说："约翰来了。"另一个说："这家伙怎么现在才来。"当他们在这样说的

---

① Price, H. H. Perception [M]. London: Methun & Co., 1932: 157.

时候，难道是在谈论各自此前获得的关于约翰的种种感觉予料吗？

普赖斯指出，把知觉意识完全还原为生理心理反应显然是行不通的。尽管知觉行为或知觉意识事实上的确伴随着各种身体反应和相应的动觉予料，甚至伴随种种意向态度和情绪反应，但我们不能把知觉行为或知觉意识完全化约或解释成这些伴生的生理或心理活动。①

第二节　知觉确信

在上一节关于知觉接受的论述中，我们可以看到在单一知觉行为中，我们的知觉意识可以被描述为一种处于使用证据之下的简单认定或轻信状态。而这种认定或轻信至少包含如下内容：首先，知觉者认定或接受了某个外部对象的存在。而这个被认定存在的对象，总被知觉者接受为某个在时间中持存且有因果性质的三维封闭固体。其次，知觉者同时认定或接受了当下获得的感觉予料对该对象某特定性质的详述。

我们知道在实际的感知经验中，没有任何知觉行为是孤立存在的，它们总处于一个具有时空连续性的系列之中。那么我们如何描述这一系列知觉行为呢？换言之，这一系列知觉行为都是一种知觉认定行为，因此我们在完成某个知觉行为系列之后仍然处于一种简单认定或轻信状态吗？抑或我们能够通过对某一外部对象的持续知觉获得关于其存在和性质的进一步把握或确信？

一、系列知觉行为相互间的详述关系

普赖斯认为，在系列知觉行为中我们能够从简单的知觉接受逐步过渡到关于该对象存在及性质的知觉确信。其依据在于任何知觉行为系列都具有的双重特性。具体来说，一个知觉行为系列中的任何一个都有新的内容

---

① Price, H. H. Perception [M]. London: Methun & Co., 1932: 159-162.

或感觉予料呈现给感知者。由此，其中的每一个知觉行为都对相应的知觉对象存在及性质给出程度不同的详述。此外，普赖斯认为通过这种详述，其中的任何一个又都为此前的若干知觉行为给出某种确证。以感知者 A 观察一张桌子为例。A 可能会从上、下、左、右等不同的角度看这张桌子，同时用手敲敲、摸摸等。普赖斯认为，A 在这一系列知觉行为中，不断获得各种新的感觉予料。这些新的感觉予料对这张桌子的形状、颜色、材质及各个表面给出越来越清晰和全面的详述。同时，伴随这些新的感觉予料的不断出现，这张桌子始终在那儿。最终，普赖斯认为，在观察完毕时，A 就能确信那里的的确确有一张桌子。

普赖斯指出，正是由于任一知觉行为系列所具有的这两方面特性，才使得系列知觉行为高于知觉接受。比如，感知者 A 观察一所房屋时，他可能先站在房屋面前看到这个长方体。从第一眼 A 获得某种最初印象，而这座房屋的侧面、后面及内部结构等在此刻都是未被详述的部分。A 可能随后会在房屋周围绕行一圈，在这一过程中不断出现的视觉予料在详述该房屋各表面的同时，也不断确证这所房屋的存在。接着，A 可以继续进到这所房屋里面，观察各个楼层的房间布局情况，最终完成对该房屋的观察。普赖斯认为，A 在整个观察过程中，不断获得各种新的感觉予料。这些感觉予料呈现了在最初印象或知觉认定时未被明确或详述的房屋性质。只要这个过程没有被意外中断，也即在 A 的观察时间内他始终知觉到该房屋在那儿，那么同时也可证明 A 的这次观察不是幻觉。①

总之，在任一知觉行为系列中我们总是不断地获得更多详述某外部对象不同性质的感觉予料。普赖斯认为，这些不断获得的感觉予料能够作为证据，使知觉者更加确定该对象的存在及其性质。换言之，普赖斯认为，从知觉接受到知觉确证的转变，基于感觉予料的存在能够作为其相应物质事物存在的证据。比如，我对我现在用的这台电脑的熟悉或对其存在的把握，是经过了从最初印象到每天在使用中不断获得的大量视感觉予料、触感觉予料和其他种类感觉予料的累积，逐渐建立起来的。如果没有这些不

---

① 在幻觉的情况下，对知觉对象进行持续观察和详述的可能性是非常小的。因为知觉行为系列随时可能被中断。

第四章 普赖斯论知觉行为

断增加的感觉予料,我对这台电脑的存在及其性质就只能停留在最初印象阶段。随着时间的推移,这种印象甚至会越来越淡。系列知觉行为之间的相互详述关系,使得知觉者对外部对象的存在和性质能够从轻信或认定上升到确信状态,这被普赖斯称为"确证原则"①。

普赖斯在处理知觉接受时提到任何知觉行为中都包含对某个特定物质事物存在及相关性质的认定。具体而言,在这种认定中总是包含四个要素:

(1) 物质事物 A 的任何性质(尤其是它的形状、大小、化学成分等)都必定有绝对确定的形式。

(2) A 是空间完整的封闭固体,必定有前后、大小、内外等若干部分。

(3) A 有因果性质。

(4) A 在一段时间内持续存在。②

普赖斯认为,感知者从知觉认定上升到知觉确信之后,其确信中也同样包含这四个要素,而在知觉过程中获得的任一感觉予料都是对这四个要素不同程度的详述。当然,任一感知经验中获得的详述总是有限的,因此总是预期随后知觉行为的确证。普赖斯认为,这是所有知觉行为的共同特征。"要求进一步详述是知觉行为本身的一部分。"③ 此外,若干知觉行为能够形成一个相互确证的知觉行为系列,还需要一个非常重要的必要条件。那就是,感知者必须知道这若干知觉行为都指向同一个外部对象。这被普赖斯称为知觉对象的识别问题。按照普赖斯的论述,他似乎认为感知者能够把不同感知行为作为指向同一个对象的依据不在于知觉行为本身,而在于在这些感知行为中获得的感觉予料相互间的时空关系。也就是说,普赖斯认为知觉对象的识别只能凭借在这一系列中获得的感觉予料(尤其是其中的核心视觉予料和触觉予料)之间的时空连续关系来完成。关于感觉予料之间的时空连续关系的论述,详见本书第三章第二节。总之,如本

---

① Price, H. H. Perception [M]. London: Methun & Co., 1932: 185.
② 普赖斯在此提出的四要素与他前文中强调的知觉认定之前判断特征不符。其论述中的这种前后不一我将在下文处理。
③ Price, H. H. Perception [M]. London: Methun & Co., 1932: 179.

书在第三章中所论述的那样,感知者可以凭借获得的(核心)感觉予料系列之间的时空连续关系,构建出一个封闭的三维形体。普赖斯认为,这一三维形体就是感知者当下的系列知觉行为中知觉到的对象。按照普赖斯的这种解释,与其把构成知觉行为系列的必要条件称作"知觉对象的识别",倒不如称为"知觉对象的构建"。并且这种解释似乎更接近现象主义的处理方式,即把知觉对象还原和等同于感觉予料的构造物。普赖斯在讨论知觉确信作为理性信念时,也的确再次重申了这种偏现象主义的解释。他认为,在识别对象时,我们只能有程度强弱不同的知觉确信,而不能获得最终确定(参见下文"知觉确信作为理性信念"部分的论述)。普赖斯对这个问题的处理显然与他本人的实在论立场相悖。

但从上一节关于普赖斯对"知觉接受"以及下面即将进入的"对知觉确信的证实问题"的论述来看,普赖斯似乎又并非要把知觉完全还原为对感觉予料的综合。因为他在知觉接受部分再三地强调在任一感知行为发生时,感知者通过知觉对外部对象的整体把握。并且,这种整体把握使得我们能够有效地证实"某物存在并有如此性质"的知觉确信。由此,我们只能说普赖斯所理解的对象知觉是一种非常弱的或最小意义的对象知觉。也就是在普赖斯所理解的知觉模型中,我们充其量能在单个的感知经验中把握到某个对象整体,至于这个对象整体在时空中的持存、三维封闭固体和因果性质等特征,则是我们永远无法证实的理论假设。因为在普赖斯看来,要证明感知者在不同的时间点或不同空间位置知觉到同一个对象,只能借助于他所获得的感觉予料系列之间的关系。由此这个所谓的对象整体也并非如我们日常所理解的物质事物那样,处于物理时空之中并与其他众多事物具有特定的时空和因果关系。因为我们通常所认为的对象识别显然首先指感知者能够从众多不同对象中把某个特定对象辨识出来。一种较强意义的对象知觉解释至少应该以相似的方式理解对象识别。普赖斯关于知觉的论述中所存在的问题和矛盾我将在本章第三节集中解决。

二、对知觉确信的证实问题

普赖斯认为,经过这样的知觉行为系列之后,感知者对于知觉对象的

第四章 普赖斯论知觉行为

存在及性质就能从最初的认定上升到知觉确信或知觉把握。但是，假如感知者 A 对于知觉对象 S 的知觉确信无法被证实的话，那么我们只能说他处于一种主观的相信状态。进而，从 A 的知觉经验中，我们并没有就 S 的实际存在及性质获得更多可信的依据。如何证实这样的知觉确信或 A 此次感知经验的有效性呢？

对此，普赖斯首先指出我们不可能在知觉意识之外去寻求证实知觉确信的根据。比如，在本书第二章中介绍的那种因果推导论，试图用作为结果发生的感觉预料去反推作为原因的物质事物存在，认为感觉预料是证明物质事物存在及性质的唯一证据。这样的方法已被证明是行不通的。在普赖斯看来，区分任一感知经验中的知觉行为和感觉行为，是我们在分析物质事物存在信念时必不可少的重要前提。同时，普赖斯也强调与感觉行为相伴发生的知觉活动是感知经验中本来就存在的基本事实。由此，证明知觉确信基本有效性的依据也只能从知觉意识内部而非之外去寻找。但某个知觉行为系列如何能既实现知觉确信，同时又证实这一确信呢？

对于这个问题，普赖斯认为，我们首先要搞清楚知觉确信时，感知者确信的是什么以及由此能被证实的是什么。假如我们对物质事物或知觉对象持一种现象主义的理解，也即把物质理解为某个感觉预料家族整体；那么我们可以认为感知者在任一知觉行为系列完成之后确信的是在未来观察中某一感觉预料家族的其他感觉预料的可获得性，而证实则不过是对这些尚未获得的感觉预料在未来观察中能够被获得的可能性的证实。因为按照现象主义的解释，唯一的实在只能是感觉预料，而物质事物则不过是无数已获得和可获得的感觉预料的集合或建构。这是坚持感觉预料是唯一存在的现象主义者所持的一个基本立场。按照这种立场，根本就不存在知觉意识。由此，在具体的感知经验中，即使我们的确有某种确信，那也不是对某个物质事物存在的认定，而是对某些感觉预料可获取性（obtainability）的确信。

某些现象主义者（如艾耶尔）就坚持这样一种可证实原则。在《语言、真理与逻辑》一书中，艾耶尔深受维也纳小组思想的影响。最重要的是，艾耶尔接受维也纳小组关于经验知识的可证实原则。如伯基（Burge, T.）所说，这一原则认为，"所有具有认知意义的、关于世界的非空断言，

普赖斯的知觉理论批判

只有通过最终引向感觉经验的证实方法,才可以得到辩护"①。在可证实原则中,艾耶尔指出,与事实相关的经验命题其证实包含两部分:一是它要符合某语言系统内部的句法规则;更重要的是它要符合一定的材料标准(the material criteria)。这一材料标准就是真实发生的感知经验事实。换句话说,如果一个经验命题要为真或被证实,那么它一定可被还原为若干感觉予料命题或观察命题与若干假设前提,而不能只可被还原为若干假设命题。其中与事实相关的部分,由不断出现的感觉予料事实加以证实。而其中暗含的假设前提则只需要处于某个融贯的解释体系之中,与其他假设命题具有逻辑关联即可。在1946年艾耶尔为本书所写的导论中,他把感觉予料命题设定为最终或直接证实命题。由此感觉予料命题成为其他经验命题的证实基础。像"这是一张桌子"或"那棵树很高"这样的物质事物命题,则必须被还原为若干感觉予料命题加以证实。或者说,对物质存在、性质的信念、相关命题也必须被还原为已经获得的感觉予料命题以及未来某些感觉予料的可获得性,否则就只能把它当作无意义的形而上学命题。②

由此,现象主义者就把关于某物质事物存在及性质的知觉确信完全还原为对已获得和可能获得的感觉予料的亲知知识。但艾耶尔自己也意识到把感觉予料命题规定为最终证实命题或不可纠正命题,并以之作为一切经验知识的基础,本身也是有问题的。比如,在《语言、真理与逻辑》一书的正文部分,艾耶尔就提道:

"(实指命题)这一名称本身就自相矛盾。它暗示一个句子在由纯粹的指称符号构成的同时还可以是可理解的。但这在逻辑上也是不可能的。这样的句子不是一个真正的命题。它只是一个突然发出的声音,而不能刻画它原本要指称的那个对象。"

"如果一个句子要表达某个命题,它就不能仅仅是对某个状态的命名;它必定对该状态说点儿什么。并且在描述某个状态时,某人也

---

① Burge, T. Philosophy of Language and Mind: 1950—1990 [M]. The Philosophy Review, Vol. 101, No. 1, 1992: 4.

② Ayer, A. J. Language, Truth and Logic [M]. 2nd ed. London: Oxford University Press, 1946: 5-6.

并非仅仅在对某感觉内容进行记录;他同时是在以这样或那样的方式对此感觉内容进行分类,并且这种分类方式超出了被直接给予的东西。"①

在此艾耶尔认为,即便如"这是白的"这样一个简单描述感觉内容的命题也包含了概念或范畴的形式部分,因此这类命题和其他经验命题一样,也是值得怀疑的。并且对于这些命题的证实同样是永无止境的。

对于现象主义者试图把从感知经验获得的一切知识(包括信念)的有效性都还原为感觉予料命题的企图,普赖斯表示明确反对。并且,他认为现象主义的问题不仅仅在于作为证实基础的感觉予料命题必定包含基本的概念和范畴分类,不可能是最终证实命题或不可纠正命题。在普赖斯看来,其最根本的问题在于他们对感知经验本身的错误解释。正如在"知觉接受"一节中所说,普赖斯认为,如果没有对某个外部对象作为整体的哪怕是相当含混的意识,那么感知者最多只能凭借记忆和想象,在大脑或心灵中建立起感觉予料之间某种主观的联系。而这种联系可以是完全随意的或个人的,而不必有我们日常关于外部对象的这些分类概念。②

总之,普赖斯认为,在知觉确信时,我们确信的是某外部对象的存在及其性质,而被证实的则是我们的确信态度。至于这两者在知觉行为系列中是如何实现的,或者它是如何可能的,普赖斯求助于感觉予料与物质事物之间的自然联系。也就是说,任一感觉予料(尤其是视感觉予料和触感觉予料)都是其相应物质事物存在及性质的证据。由此感知者获得的感觉予料越多(尤其是核心视感觉予料和触感觉予料),他对相应外部对象的存在及性质的知觉确信就越强,并且其确信态度的可证实程度也越高。③至于两者间这种自然联系的依据,普赖斯认为这种联系是先天的,并且在我们实际的感知经验中被不断加以运用和证实。由此,确证原则或知觉确信只不过是给这一自明联系冠以名称。在使用这些名称时,我们实际上在

---

① Ayer, A. J. Language, Truth and Logic [M]. 2nd ed. London: Oxford University Press, 1946: 191.
② Price, H. H. Perception [M]. London: Methun & Co., 1932: 181-182.
③ Price, H. H. Perception [M]. London: Methun & Co., 1932: 186.

描述知觉意识本身具有的结构。①

三、知觉确信作为理性信念

关于感觉内容或感觉预料与外部对象之间的这种详述或证实关系，很多哲学家都曾提出过自己的解释。比如，在本章第一节中提到的里德，他就把这种关系解释为由人的大脑结构自然决定的。而另一些哲学家（如休谟）则认为，既然我们没有任何证据或知识能够证明物质事物的存在，那么两者间的这种联系就只能是无法被证实的理性预设，或者不过是我们习以为常的信念或思维习惯罢了。对此，普赖斯指出，如果我们不能对这种联系的合法性提供稳定的依据，而仅仅把它作为一个心灵内部的习惯或方式，那么我们对于物质事物的存在将永远是一种轻信或认定态度，而不能上升到知觉确信。

普赖斯认为，休谟等哲学家的解释无疑是把知觉意识或知觉行为等同于大脑的想象能力或使用概念做出判断的理性能力。在普赖斯看来，这和现象主义者把知觉行为还原为感觉行为一样，最终都将导致我们对外部对象实在性的怀疑态度。为避免这种怀疑态度，普赖斯把一般的知觉确信或我们对物质事物实在性的一般知觉意识解释为一种不可被还原的基本意识类型，并将其类比于我们一般的道德感。② 他指出，正如我们不可能追问基本的道德感存在的理由，或询问其合理不合理一样；我们也不能追问知觉意识存在的理由，或询问其合理不合理。也正如基本的道德感使得我们可以为具体的道德行为或责任寻找理由或依据；一般知觉意识使得我们能以其他外部对象的存在为证据，证明某一外部对象的存在。比如，我以我的右手存在为依据，来证明我刚才触摸的电脑的存在。简而言之，一般知觉意识作为最基本的、不可被还原的一种意识类型，使得我们有可能为某些特定事物的知觉信念寻找具体理由。

普赖斯还指出，这种不可被还原的一般知觉意识同时也是一种自我纠

---

① Price, H. H. Perception [M]. London: Methun & Co., 1932: 189.
② Price, H. H. Perception [M]. London: Methun & Co., 1932: 192-193.

第四章 普赖斯论知觉行为

正的意识类型。也就是说，这种意识本身就包含了感觉予料与外部对象之间的某种证实或详述关系。由此在任一知觉行为系列中，感知者的确能通过出现的若干感觉予料获得相应知觉对象存在及性质的知觉确信或把握。系列知觉行为彼此详述和确证、最终到达知觉确信的特征被普赖斯称为"知觉确证原则"。普赖斯认为，由此获得的知觉确信是我们能够对物质世界有所了解的唯一方式。除了知觉确信，我们不能要求更多。那些要求更多的人实际上并不知道他在要求什么。而对于那些只有感觉、记忆、内省和演绎推理的存在来说，"物质"一词没有任何意义。

尽管如此，普赖斯仍然强调知觉确信不是知识，而只是一种理性信念。虽然作为理性信念，其中总包含某些知识作为证据；但普赖斯认为，在知觉确信中，有如此这般感觉予料的某物存在本身既非亲知知识，也非事实知识。也就是说，由于任一物质事物其存在和性质都包含无穷的证实或详述可能，因此我们关于其存在的知觉确信永远也不可能上升到绝对确定的状态。从实际发生的感知经验本身来讲，由于任何感知或观察行为都受到主观接续的限制，并且任一观察或知觉系列都可能随时被中断，因此我们也不可能通过任何感知或观察行为获得某特定物质事物存在及性质的确定知识。一方面，主观接续的限制使得我们在观察某外部对象时每次只能观察到它的一个侧面或部分，获得明晰程度不同的某一些可感性质，而不可能通过一次观察获得其各个方位、各部分的所有可感性质。另一方面，在识别对象时，我们只能有程度强弱不同的知觉确信或把握，却永远也不可能获得最终确定。普赖斯指出，尽管我们认定并且确信多数外部对象都具有持续、稳定的存在，但我们的观察却不可能是持续、稳定的，而总是因为各种因素的干扰而被中断。基于观察的这种实际特征，我们甚至不能确定地知道当下在看的这个对象 S 和之前看到的 S 是同一个对象。①

普赖斯最后指出，我们能够直观地知道的唯一事实就是关于感觉性质以及感觉予料之间关系的事实，可能还有部分关于我们自己的事实。尽管知觉确信不能严格地被称为关于物质世界的知识，但是它可以满足我们科

---

① Price, H. H. Perception [M]. London: Methun & Co., 1932: 196-202.

普赖斯的知觉理论批判

学和日常生活的所有意图。①

第三节 普赖斯对知觉行为的处理所存在的问题

在关于知觉行为的论述中,普赖斯区分最基本的知觉形式及一系列知觉行为所导致的知觉确证或知觉确信。在普赖斯关于这两种不同知觉状态或阶段的论述中,我们可以看出其内部存在的冲突或矛盾。

首先,如果最基本的知觉状态是一种完全被动的轻信状态,没有任何主动的意识行为甚至概念的参与,它如何能够仅凭知觉行为的量的增加,就自然地上升到使用证据之后的确证或把握呢?或者说,在实际经验中能否在被动的、非认知的基本知觉状态与认知和使用证据的系列知觉行为之间做出如此明确的区分呢?按照普赖斯实际所描述的知觉经验,显然在任何知觉行为中都既包含了最基本的知觉认定或接受状态;同时这些知觉行为又总是构成知觉确证的系列知觉链条中的一环,因此它们既有对此前知觉行为的确证,又预期此后知觉行为的进一步详述和进一步确证。② 在这个意义上,任何知觉行为都不可能是单纯的非认知或轻信状态,而必定既有知觉接受,又有某种程度上的知觉确信。此外,如果我们把普赖斯所说的知觉认定或知觉接受理解为非概念的动物知觉,而把知觉确信理解为包含信念和判断的知觉,那么我们还必须说明在实际经验中两者之间的过渡是如何可能的。为实现这种过渡,我们可以借用阿姆斯特朗的观点,把普赖斯的"知觉接受"调整为:"其本质上是信念诱发(belief-inducing)的,尽管它本身不包含概念、进而也不是信念。"③ 阿姆斯特朗把这种"无

---

① Price, H. H. Perception [M]. London: Methun & Co., 1932: 203.
② 在普赖斯的具体论述中,他似乎倾向于认为知觉接受和知觉确信是经验层面的两个不同阶段。但如我所说,这一区分首先是逻辑层面的,是任一知觉行为中都包含的不同要素;其次我们才需要考虑系列知觉行为中的不同阶段过渡问题。
③ Amstrong, D. Perception and the Physical World [M]. New York: Humanities Press, 1961: 86.

第四章　普赖斯论知觉行为

信念的知觉"①（perception without belief）刻画为：它"必定包含我们在知觉世界中某物的想法"，这一想法可以被姑且描述为"相信的倾向"（inclination to believe）。由此，在知觉认定的阶段，我们获得关于某对象整体及其某一可感性质的意识。并且这一意识在逻辑上必然导致感知者相信有如此这般的该物存在并且被他知觉到了。而在系列知觉行为中，感知者通过不断获得的更多感觉预料对这一信念做出进一步的证实、补充或调整。此外，信念诱发的引入还可以帮助我们充分地理解普赖斯所谈论的知觉接受作为前判断的或判断的主项是如何可能的。比如，当我猛一看见一辆白色的、具有特定形状的汽车时，这一当下的知觉接受或认定诱发我进一步做出"这是一辆特斯拉"的判断。

其次，在处理知觉接受时，普赖斯强调知觉接受是一种类直觉或伪直觉行为，以区别于对感觉预料的直觉。普赖斯做出这一区分的一个重要理由是：知觉对象只能作为意识对象，而不能像感觉预料那样成为知识对象。因为在错觉或幻觉经验中的知觉对象可能根本就不存在或不以感知者经验的方式存在。由此普赖斯否认知觉对象在一般意义上的实在性（参见本章"知觉接受"部分的论述）。但实际上普赖斯给出的这一论证是不能成立的。首先，当他指出知觉对象 O 作为意识对象，对 O 的意识不蕴涵该对象具有类似于亲知对象那样的实在性时，普赖斯显然没有区分两种实在性：一种是亲知到某感觉预料或接受某知觉对象的意识实在；另一种是独立于感知者意识的、在物理世界中的实在或实存。② 在前一种意义上，即

---

① 与普赖斯不同，阿姆斯特朗并不认为在我们的一切知觉行为中都包括"无信念知觉"。他认为这种知觉仅发生在感知者有与他的当下知觉经验相反的知识时。比如，我虽然看到杯子里那根筷子是弯的，但我知道它是直的；或我虽然看到面前有一个和我长得很像的人，但我知道那实际上是镜子照出来的影像。他把这种知觉表述为："如果我不知道或不相信 X，那么我就会相信我在知觉 Y。"在上面的例子中，如果我不知道我面前有一面镜子，那么我就会相信我看到的是一个和我长得很像的人。总之，在阿姆斯特朗看来，所谓的"无信念知觉"实际上是信念被悬置的知觉，它只在很少情况下发生。而在一般情况下，任何知觉都包含知觉对象存在的信念和感知者对该物有所知觉的信念。普赖斯的知觉解释模型则应当被理解为，在任何知觉中既包含信念诱发的知觉最初印象，又包含由此引发的知觉判断。

② 对于"实在"（real）这一概念，普赖斯的论述中有两种混淆。一种是这里所说的对"意识实在"（real consciousness or real awareness）和存在物（entities, real things）的混淆；另一种是对存在物（entities, real things）和实体（substances with qualities）的混淆。这两个层面的混淆导致普赖斯无法给出一种实在论的知觉解释。详细论述参见本书第六章。

便是错觉或幻觉中出现的知觉对象,也具有和感觉予料一样的意识实在。事实上,感觉予料只具有这种意义上的实在性,而不可能有实存意义上的实在性。但当普赖斯强调知觉对象不能成为知识对象时,他似乎在谈论知觉对象缺乏实存意义上的实在性。这种实在性显然不是感觉予料所具有的那种实在性。

从普赖斯对两种实在性的混淆,我们可以看出其理论中隐含的对知觉对象所在的物理世界和感觉予料所在的可感世界的混淆。在后面关于物质事物的论述中,我们会发现正是这种混淆,导致普赖斯对物质事物给出一种亲现象主义的处理。进而,普赖斯根据虚假或错误的知觉对象的存在,认为知觉对象不能像感觉予料那样成为知识对象。这一推论也是不能成立的。在幻觉中出现的某物当然也可以成为知识的对象。如果没有错误或虚幻的知觉对象作为参照和比较,我们关于真实知觉对象的知识至少会缺失掉一大块内容。普赖斯在此又一次忽视了两种知识间的区分,也即我们关于知觉对象的知识显然不同于我们关于感觉予料的知识。后者如果能称为知识的话,那么作为亲知知识当然没有犯错的可能。但关于知觉对象的知识不同于亲知知识。事实上我们关于日常物体的知识总包含错误的可能性。普赖斯不能以亲知知识的标准去要求知觉对象知识。总之,由于没有区分两种实在和两种知识,导致普赖斯把知觉对象完全等同于某种意识对象。这种解释又进一步带来一些普赖斯难以回答的问题。首先,作为意识对象,它与通过感觉予料构造的知觉对象有什么区别。其次,意识对象作为整体,如果不采用休谟的想象力建构的解释,它是如何可能的。①

再次,普赖斯在论述系列知觉行为之间的详述和彼此确证关系时,似乎也认为知觉确信的实现主要靠持续获得的感觉予料。并且如上文所说,在解释知觉对象识别时,他也把对象识别的重任托付于感觉予料系列之间的相互关系。最终,在处理知觉确信的证实时,尽管普赖斯仍然坚持我们对物质事物实在性的一般知觉意识是一种不可被还原的基本意识形态;但他又强调这种意识形态最多能让我们获得外部事物存在的理性信念,而永

---

① 在第五章讨论普赖斯对物质事物的论述时,我们可以看到他的确把知觉对象解释为感觉予料凭借想象的综合得出的构建物。

远不可能成为知识。由此,我们可以说尽管普赖斯的确坚持某种知觉的实在论立场,但在具体的知觉行为论述和处理上,他实际上是一个亲现象主义者。

最后,与里德的知觉理论相比,普赖斯对知觉的论述的确解决了里德理论中的某些问题。比如,通过取消可感性质和可知觉性质之间的区分,把我们能感知到的一切物质事物性质都处理为可感性质,普赖斯进一步明确了感觉和知觉各自不同的任务。并且这种区分使得感觉和知觉不仅具有事实上的同时发生关系,而且以"对象+性质"的知觉基本形式,具有了更为密切的认知关联。但在这种关联中,知觉所起的作用远远小于感觉的作用。普赖斯甚至把知觉理解为一种理性信念,由此让他的知觉理论更接近休谟而非里德。

第五章 普赖斯论物质事物

第一节 我们如何认识物质事物

在第四章论述"知觉确信"时提到,普赖斯认为我们关于外部对象能够获得的唯一知识就是对感觉予料的亲知知识。对于外部对象的存在及性质,我们只能持有一种理性信念。但这并不表示我们无法对外部对象有任何了解,只不过这种了解或认识的方式不是对外部对象加以直接认识的方式,而是以感觉予料家族的形式。在第三章论述"感觉予料之间的关系"时提到,以核心视感觉予料之间的空间连续关系为基础,我们可以构建出一个核心三维形体或知觉对象 O,而其他的感觉予料则通过与这些核心视感觉予料之间的关系被加以整合,最终形成一个感觉予料家族 F (O)。由此,对于任一外部对象 M 的认识,在普赖斯看来首先是对其相应的知觉对象 O 及描述 O 的各种性质的予料家族 F (O) 整体的认识。

一、对感觉予料家族的认识

普赖斯认为,尽管我们在实际的感知经验中不可能同时获得任一感觉予料家族整体中的所有感觉予料(尤其是其中的核心视感觉予料和触觉予料),但我们不能由此就认为家族作为整体不能同时存在。相反,"我们认

第五章 普赖斯论物质事物

为在我们改变视点时家族作为整体是保持不变的"①。也就是说,在持续观察某外部对象 M 时,尽管我们获得的感觉予料在不断变化,但我们认为其相应的予料家族 F（O）在观察中始终保持同样的形状、大小和标准颜色等。尤其是其中标准三维体 O 的各种性质,不会因为层出不穷的各种感觉予料而改变。普赖斯认为,任一予料家族不仅是一个持存的整体,而且是一个各部分共存的整体。② 但问题在于,感觉予料本身作为转瞬即逝的事件,其中绝大部分都只能在记忆中凭借主观的时空连续关系加以整合。我们如何能通过感觉予料之间的这种主观接续关系意识到各部分始终共存的家族整体的持存呢？对此,普赖斯认为,我们可以引入可能的感觉予料,即把家族解释为一个由可能感觉予料按照一定秩序组成的整体。在这样一个家族中,每次观察都意味着某些可能感觉予料的实现。这些实现的感觉予料对于我们认识该家族来说是至关重要的。但它对于家族本身的存在和构成则是无关紧要的。③

普赖斯指出,对于理解这样的感觉予料家族,其关键的问题是如何定义可能的感觉予料。在定义可能的感觉予料时,我们不能使用任何物理的（如身体或对象位置等）概念。因为普赖斯认为我们对这些概念的认识也是以我们对已获得的诸多感觉予料的亲知和整合为基础的。假若在一开始就加上这些概念,那么感觉予料家族作为认识外部对象世界的基本方式,也就失去了它的意义。同时对可能感觉予料的定义也不能过于宽泛,否则由它构成的予料家族就变成了没有具体内容的空概念。最终,普赖斯求助于"感觉予料之间关系"部分提到的由客观时空连续和主观接续（前后相继的不相干性和间隔的不相干性）加以连接和整合的感觉予料系列。其中最重要的当然是在实际观察中核心视感觉予料之间客观存在的空间毗连关系以及由此获得的空间连续系列。凭借这些系列,普赖斯把可能感觉予料定义为"从 s_1 开始,经过如此这样的感觉予料系列之后,s_x 是可获得的"④。其中 s_1 是感知者 A 当下亲知到的感觉予料。经过如此定义之后,

---

① Price, H. H. Perception [M]. London: Methuen & Co., 1932: 261.
② Price, H. H. Perception [M]. London: Methuen & Co., 1932: 261.
③ Price, H. H. Perception [M]. London: Methuen & Co., 1932: 262.
④ Price, H. H. Perception [M]. London: Methuen & Co., 1932: 265.

一个感觉予料家族就成为"一个由实际的感觉予料……通过各种被描述的关系与一个标准固体相连接的可获得感觉予料构成的系统"①。而我们不仅能通过空间毗连关系获得对任一三维封闭的知觉对象 O 的认识，而且能通过时间接续关系意识到该对象在时间中的变化。普赖斯认为，在一段时间内持存的予料家族使我们相信相应物质事物在该时间段内持存。

普赖斯认为，经过以上规定之后，任一感觉予料家族将具有如下四种性质：

（1）每一个予料家族 F 都包含一个标准固体，该标准固体具有和外部对象 M 一样的空间性。并且 F 在时间中持存并保持同一。

（2）尽管每一个感知者每次只能获得某一予料家族中非常少的感觉予料，但这并不妨碍予料家族作为可能的或可获得的感觉予料整体的同时存在。对于这样的予料家族，普赖斯认为它是公共可知的，也即它可以被不同的感知者观察到。② 对此，普赖斯给出的理由是：尽管感知者 A 一次只能亲知到家族中的一个核心视感觉予料 s_1，但他可以从另一感知者 B 的描述中知道 B 所亲知到的另一核心视感觉予料 s_2 的信息。在通过 B 的描述获知 s_2 的信息之后，A 就能知道从他所亲知到的 s_1 开始，他要经过一个怎样的感觉予料系列，才能亲知到 s_2。其他感觉予料对 A 或其他感知者的可获得性以此类推。由此，对于一个公共可知的予料家族，尽管每一个观察者从其特定视点每次只能获得其视域中的有限视觉予料，但他们彼此间可以通过描述分享彼此亲知到的视觉予料。以此为基础，这些观察者就能凭借各自以往积累的予料系列以及系列内部和之间的关系，确切地推知被他人亲知到的感觉予料可获得的具体条件。

（3）予料家族 F 由多种不同的感觉予料（视觉予料、触觉予料、听觉予料等）组成。

（4）普赖斯把一个予料家族所包含的可能感觉予料的实现条件定义为可能事实。并且他把这些可能事实表达为：如果如此这样的条件具备（这里的条件通常指观察者视点及其他观察条件），那么将有如此这般性质的

---

① Price, H. H. Perception [M]. London: Methuen & Co., 1932: 267.
② Price, H. H. Perception [M]. London: Methuen & Co., 1932: 274.

第五章　普赖斯论物质事物

感觉予料 s 呈现给观察者。这一事实的真显然不取决于条件的实现或某个观察者的确获得 s 这类事实,尽管特定感觉予料的实现的确依赖于这些条件。普赖斯认为,把可能感觉予料规定为这样的可能事实之后,我们就能确保它们即使在未被亲知或实现的情况下,仍然具有确定的性质和关系。进而,即使一个予料家族完全由可能感觉予料构成,它也仍然具有确定的性质和结构。并且作为可能事实的整体,其存在可以不依赖于任何观察者。或者说,即便没有任何人亲知到其中的感觉予料,作为可能事实这些予料也仍然是可获得的。①

普赖斯认为,具有以上四种性质的予料整体或我们能有所了解的知觉对象,与外部对象 M 具有很大的相似性。由此通过对一个予料整体的认识,我们可以了解其相应的外部对象的很多性质。尽管如此,当我们在实际的感知经验中对某外部对象产生知觉确信时,我们也并非仅仅确信了某个予料家族的存在。因为予料家族作为一个有特定形状的三维封闭形体,只能在可感空间中占有一席之地。而外部对象则处于物理空间之中,具有不可穿透性②和其他因果性质。

为了说明因果性质和予料家族性质的区别,普赖斯首先指出占有物理空间不同于占有可感空间。一个予料家族以其核心三维体为中心,的确位于某一特定的空间位置。但普赖斯认为,这种空间位置是借由对其中若干(主要是核心的)感觉予料之间的空间关系进行分析并加以综合得到的。换言之,要获得予料家族的空间位置必须以其中的若干感觉予料为基础。但占有物理空间则不同。它首先意味着该物理空间占有者具有不可穿透性。但"M 具有不可穿透性"这一事实的发现可以完全独立于 M 相应的予料家族 F 及其中的所有感觉予料。比如,我在黑暗中撞上一堵墙,我发现这堵墙具有不可穿透性不是因为我获得了关于它的任何感觉予料,而来自我莽撞地前行和随后身体的疼痛。在这个意义上,普赖斯认为,A 对 M 的不可穿透性的发现,通常取决于 A 对 M 周围的其他予料家族 F_x 运动轨迹突然发生改变的感知(如皮球撞上墙壁并迅速反弹)。

---

① Price, H. H. Perception [M]. London: Methuen & Co., 1932: 274-275.
② 普赖斯把"不可穿透"理解为常人能够知觉到的固体障碍,而非绝对的不可穿透。

普赖斯一方面认为，因果性质的实现或任何因果事件的发生不以感觉予料的获得为充分必要条件；另一方面他又认为，人对某物因果性质（及因果事件发生）的信念或证实必须借由相应感觉予料才能获取。在这个意义上，他似乎区分客观的因果性质与因果关联以及人借由对感觉予料的亲知获得的关于事物因果性质的信念和认识。

二、对物质事物因果性的认识

上文提到物质事物对空间的占据不同于其相应的感觉予料家族对空间的占据。前者以物理占据的方式，表现出予料家族的可感占据所不具备的不可穿透性和其他因果特性。但我们对物理占据的认识和信念又必须通过感觉予料，尤其是核心视觉予料和触觉予料才能获得。

（一）对因果性质的认识

普赖斯认为，物质事物的不可穿透性和其他因果性质可以通过视觉和触觉被我们认识。或者说通过核心感觉予料及其形成的予料系列的实现，我们就能够认识到这些物理特性。

在论述"感觉予料之间关系"时提到，任一家族中的核心感觉予料彼此间具有紧密的空间连续或者说空间毗连关系。这些核心予料共同组成一个核心三维形体，被称为该予料家族的标准三维体。假设有一个予料家族 F_1，它有一个标准三维体 O_1；另有一个予料家族 F_2 和 O_2。在感知者 A 的某次观察经验中，他获得构成 O_2 的核心视觉予料系列 S_2。在这一系列中，A 相继获得的核心视觉予料在视觉空间中形成一条笔直的移动轨迹，并逐渐向视觉空间中的 O_2 靠拢。最终，O_1 的某核心视觉予料与 O_2 的某核心视觉予料相触或重合。随后，O_2 的系列 S_2 中新出现的若干视觉予料改变了此前予料形成的轨迹，在相反方向或另一个不同的方向上开始了新的空间连续。普赖斯认为，如果在 A 的多次观察中，各种不同的予料家族及其相应的标准三维体在 O_1 周围或边界处都出现此类情况，那我们就可以说被 F_1 和 O_1 占据的这个位置是不可穿透的。由此被 F_1 可感占据的这个位置同时也被物理地占据了，并且该位置的不可穿透性被 A 观察到了。与此相似，A 还能观察到由某个标准三维体占据的某处的磁力或高温等其他性质。

我们不仅能通过核心视觉予料认识到这些物理特性，而且普赖斯认为在某些情况下通过触觉我们能更快、更直接地获知。比如，感知者 A 用右手紧握一块石头时，他可以同时知道这块石头和他的手的不可穿透性。或者在更经常的情况下，当我们行走、坐卧时，我们都能通过触觉感受到自己身体与地面、椅子等物体的不可穿透性。但普赖斯仍然认为，在认识不可穿透性和其他因果性质时，视觉承担最重要和基本的作用。一个只有视觉、没有触觉的存在者能够和我们一样，观察到予料家族所在某处的不可穿透性。①

物体的不可穿透、高温、磁力等因果性质，可以改变周围事物的存在或运动状态。这些因果性质被普赖斯称为物质事物的水平因果特性。除了这种物质事物之间相互作用的水平因果关系，普赖斯认为还有一种感觉予料的产生与物质事物作用之间的垂直因果关系。对于这种垂直因果关系，我们同样可以通过亲知到的感觉予料加以认识。如本书第三章在论述"感觉予料的产生"时所说，任何感觉予料都出现于某个"予料总体"之中。而一切"予料总体"都由环境感觉予料和身体感觉予料共同构成。这两种予料之间有一种共存和共变关系，它是我们认识感觉予料与物质事物之间垂直因果关系的基础。比如，当我摘掉架在鼻梁上的眼镜时，鼻梁和耳朵上原来的压力和触感消失了；我同时发现眼前的字迹变得模糊不清。由此我知道眼镜是我能获得清晰视觉予料的重要条件。再比如，当我看到四处炸开的鞭炮和火光时，我同时听到刺耳的鞭炮声。这时我用食指堵住耳朵，尽管视觉予料并未发生什么改变，但声音已经减弱了许多。由此我知

---

① Price, H. H. Perception [M]. London: Methuen & Co., 1932: 275-280. 阿姆斯特朗在《知觉与物理世界》一书中曾经讨论过不可穿透性是否是物理对象的最基本性质问题。他认为，如果我们过分强调视觉和视觉予料在认识不可穿透性时所扮演的角色，那么不可穿透性就不可能是物理对象的基本性质，因为它首先是一种关系性质。也即我们看到的某物不可穿透总是通过该对象与其他物体之间的关系，而不可能仅通过看该物自身就能知道它是不可穿透的。因此，他认为，在分析不可穿透性作为物理对象的基本性质时，我们必须坚持触觉或身体感觉所起的基本作用。这与普赖斯所强调的身体予料系列作为其他予料家族或知觉对象建构的模型是一致的（详细论述请参见本书第三章"身体感觉予料之间的关系"部分）。普赖斯在此应当放弃视觉在发现不可穿透时的优先地位，否则就会导致不可穿透沦为视觉予料之间的关系性质，而非物理对象本身的固有性质，由此消解掉物理性质独立于感知的实在性。

道这刺耳的声音来自爆炸的鞭炮,而堵住耳朵则可以减弱刺耳的声音。

但对于感觉予料与物质事物之间垂直因果关系的认识,仅限于每一个感知者对自己获得的那些感觉予料的反思,并且以感知者已获得他自己的身体和其他物质事物存在的知觉确信为前提。而他人的感觉予料与物质事物之间的垂直因果关系则是我们不可能知道的。我们只能通过对他人身体状态和行为的观察,获知其身体或行为与其他物质事物之间的水平因果关系。

最终,我们经常发现水平因果关系和垂直因果关系都基于同样的物理因果性。比如,我用手靠近壁炉时感觉到温度,同时看见壁炉上被烤化的黄油。

（二）因果性质的归属问题——予料家族与物质事物的关系

既然凭借任一家族中的核心视觉和触觉予料我们就能发现不可穿透等物理性质,那么我们可不可以就此认为这些物理性质是该予料家族或其相应的标准三维体的性质呢?普赖斯认为,不能把这些物理性质归给某个予料家族或其相应的标准三维体。

首先,原因在于,予料家族作为可能事实的集合,其占据空间的方式不同于物理对象占据空间的方式。在上文中提到,普赖斯把予料家族定义为可能事实的整体。普赖斯认为,作为可能事实的统一体,予料家族的存在形式肯定不同于一般殊体或一般殊体集合的存在形式。在认识某个殊体集合时,我们可以遵从从部分到整体的顺序,逐一地认识了其中各部分之后,我们也就认识了集合整体。但对予料家族的认识则不能以这样的方式。原因在于,某予料家族所包含的感觉予料总是无限多的,而我们不可能亲知到其中的所有予料。并且,即使我们能亲知到某予料家族中的所有感觉予料,这些实现或获得的感觉予料也不是以一般殊体的方式而是以事件的形式存在的① （关于实现的感觉予料的性质论述,详见本书第三章第一节）。这些感觉予料一旦发生或出现,就只能在感知者的记忆中留下某

---

① 事件能否被视为殊体的一种,不同的哲学家有不同的看法。这不是本书要处理的问题。为避免误解,本书用"一般殊体"表示具有确定性质、能在时间中持存的存在,以区别于转瞬即逝、不可重复或持存的感觉予料事件。

第五章 普赖斯论物质事物

种印象。如"感觉予料之间关系"一节所说，我们必须凭借这些予料在发生时相互间客观存在的时空连续关系，更重要的是凭借我们赋予给它的其他主观关系，才有可能把众多记忆中的感觉予料整合起来，形成一个有确定秩序和结构的予料家族。换句话说，任何予料家族都不是能被我们亲知到的对象，而是通过我们自己的某些意识活动加以综合或建构得来的。但为了强调予料家族自身存在及其结构的客观性，普赖斯又对综合或建构在此的含义加以纠正，认为我们与其说综合不如说发现或"综合地知道"（syngnosis）某个予料家族整体。①

普赖斯认为，这样的予料家族不可能具有不可穿透性和其他因果性质。原因在于，某物若要具有不可穿透及其他因果性质，它必须首先是占据物理空间的某物。而当我们说某个予料家族在某一刻占据某处时，我们实际意指：

> "在该处遍及所有边界的地方，某些具有空间毗连关系的感觉予料是可获得的。其中有一个或两个此刻已获得。这的确使得该处不同于周边其他地方：但其不同仅仅在这个意义上，即此刻该处被某些感觉予料预订（reserve）了……而非被这些感觉予料实际占领了。"②

由此予料家族不能物理地占据某地，我们只能说它位于某地。③ 因此我们不能把物理对象所有的因果性质归给予料家族。

其次，感知者对某物因果性质的认识方式不同于对感觉予料的认识方式。上文提到，在认识不可穿透及其他因果性质时，视觉起着最基本和最重要的作用。在实际的观察经验中，一个仅有视觉的存在者（如一个从出生就瘫痪在床的病人）的确可以看到一个皮球或一块石头被墙壁反弹回来的系列视觉予料，并观察到这一系列视觉予料独特的空间移动轨迹。但严格来说，单凭这一系列视觉予料，他并不能认识到墙壁的不可穿透性。不可穿透性不是我们可以凭视觉亲知到的，尽管我们可以凭借触觉亲知。在更经常的视觉观察的情况下，要认识某物的不可穿透性，我们必须先掌握

---

① Price, H. H. Perception [M]. London：Methuen & Co., 1932：286-287.
② Price, H. H. Perception [M]. London：Methuen & Co., 1932：287.
③ Price, H. H. Perception [M]. London：Methuen & Co., 1932：293.

不可穿透的概念，之后我们才可能在获得某些视觉预料时通过判断和推测，把这一性质归给相应的物理对象。也就是说，在视觉的情况下，我们对不可穿透性等物理性质的认识是一种使用概念和判断的理性认识方式，与不需概念和判断的对感觉预料的亲知有很大不同。而我们凭借触觉亲知到的诸如桌椅之类物体的不可穿透，也不同于我们在学会"不可穿透"这一概念并可以对某物的不可穿透性使用证据加以论证所认识的不可穿透。在此，可以设想一个没有掌握任何语言的盲人的生活情形。他可以正确地找到一张椅子坐下，并可以摸索着周围的物体走向某个地方，但他对周边事物的知觉始终处于前判断状态。总之，当我们说某人对不可穿透等因果性质有所认识时，都必定蕴涵了该认知者对概念和判断的使用。进一步言之，对物理占据物因果特性的认识是任一感知者通过概念和判断，对其获得的某些感觉预料所做的进一步处理和解释。

由此普赖斯认为，任何因果性质的实现都具有共时性。也就是说，感知者 A 可以通过对某对象四周各种物体状态的观察，同时获得对该对象在各个方位或侧面的因果性质的认识。而感觉预料则不能同时被 A 亲知。比如，一块烧红的木炭，感知者 A 只能获得其某侧表面上的某个核心视觉预料。但 A 可以同时看到在木炭背后或底下融化的黄油、烧卷的纸和手绢等。A 可以以这些视觉预料为依据，推断或获知这块木炭在各个表面的高温性质。同样，A 在获得一堵墙前表面的某核心视觉预料时，他只要看到绕行的牛、听到皮球或小孩在后面撞上墙的声音，就能同时认识到该面墙在后面、旁边等各个方位的不可穿透性。

不仅如此，感知者对某个物理对象因果性质的认识甚至可以完全不依赖于其相应的予料家族。例如，一个密封纸盒里的磁铁吸住一颗钉子。A 看到这颗钉子被密封盒吸住时，他没有获得盒中磁铁相应予料家族的任何感觉预料。但他通过钉子被吸住这一视觉预料，可以推知盒子里一块具有磁力的磁铁的存在。再比如，一块搁在壁炉上的黄油在 A 离开的那段时间融化了。A 在返回后发现化为液体的黄油，可以推知它是被壁炉里的火烤化的。再比如，A 在深夜踢球，尽管他看不到前方有什么东西，但他可以通过被弹回的球，推测或预期那个未被他看到的前方物体的存在。

第五章　普赖斯论物质事物

再次，作为物体的基本性质，我们在规定和解释不可穿透和其他因果性质时，都假定了这些因果性质伴随相应物体的客观持存，并且它们的存在和显现独立于任何观察者的感知。比如，一块被压在山底的石头，我们认为它的不可穿透性在它被压在山下的这几百年里一直持续显现着，尽管没有被我们观察到。但感觉予料则没有这种客观存在；相反，它的显现或实现必定依赖于观察者的感知，因此具有某种程度的私人或主观性。

最后，即使我们仅考虑感觉予料与物质事物之间的垂直因果关系，我们也不能把这种关系解释为感觉予料之间或某特定感觉予料与其相应的予料家族之间的关系。如第三章论述感觉予料的特征时所说的那样，它是没有因果性质的。即使作为事件出现，它也不可能引起或导致其他感觉予料事件的发生。而由它及可能事实构成的予料家族更不可能有因果性质。

既然一个予料家族占据空间的方式不同于物理占据，而且因果性质的存在方式以及我们对它的认识，不同于感觉予料的存在方式以及我们对它的认识；普赖斯便得出结论说，我们不能认为那些显现出的因果性质刻画的是予料家族的特征。如果某些人仍要坚持他们的现象主义立场，即把因果性质也归给予料家族，那么他们必须对予料家族重新加以定义。经过重新定义的予料家族除了包含可能的和实现的感觉予料之外，还必定包含另一部分。"这一部分在时间中持存的方式及在空间中定位的方式独立于、因此也不同于感觉予料在时间中持存与在空间中定位的方式。"[1] 但普赖斯指出，在我们通常使用的语言系统中，我们并不这样规定一个予料家族，并且我们认为因果性质是物质事物的基本性质。因此他坚持予料家族和有因果性质的物理对象是两种完全不同的实体。由此在知觉认定和知觉确证的过程中，我们不仅认定和确证某个予料家族的存在及其构成，我们同时也在认定该予料家族所在的位置有一个物理对象的存在，并且在确证过程中逐步地发现该对象的若干因果性质。

至于一个予料家族占据的某个区域或位置与其相应物理对象所在位置的关系，普赖斯指出，一个被予料家族或其核心三维体占据的位置或区域并不必然被物理地占据，但我们的确发现两者经常是重合的。由此我们可

---

[1] Price, H. H. Perception [M]. London: Methuen & Co., 1932: 292.

以合理地假设，被核心三维体占据的区域，也被物理地占据了，直到这一假设被相反事实所推翻。①

三、物质事物的构成

普赖斯认为，当我们说物质或物质事物时，我们实际意指某个予料家族与具有某些因果性质的物理占据物的复合物。比如，当我们说一张桌子或一棵树时，我们不是在说它们所包含的那个予料家族，也不是在说那个具有因果性质的物理对象，而是意指同时包含两者的一个复合物体。普赖斯指出，这个复合物体才是那个完整的物质事物或我们通常认识的那些外部对象。而物质世界或自然就是所有复合物体构成的系统。②

历史上的确有些哲学家认为物质或物质事物仅仅意指那个物理占据物，而不包含任何感觉予料。对他们来说，任何感觉予料或感觉内容都只是那个具有因果性质的物理占据物对我们施加刺激所造成的结果。由此他们认为，感觉予料或感觉内容与物质事物之间只有某种因果关联或刺激-反应关系。但普赖斯指出，两者间不仅仅具有这种因果关联；由感觉予料组成的予料家族与相应的物理占据物还有空间重合关系。

由此我们可以对感觉予料与物质事物之间的属于关系加以定义，也即当我们说"s 属于 M"时，我们实际意指：

（1）s 是某予料家族 F 中的一个元素。

（2）有一个物理占据物 O 与 F 重合。

（3）M 由 F 和 O 共同构成。③

进而，如果有 s 属于 M，这一属于关系的建立必须首先能满足这样两个条件：

（1）s 必定属于 M 相应的那个予料家族。

（2）该予料家族占据的这个地方必定也被物理地占据了，也即某些因果性质在该处显现了。

---

① Price, H. H. Perception [M]. London: Methuen & Co., 1932: 297.
② Price, H. H. Perception [M]. London: Methuen & Co., 1932: 301.
③ Price, H. H. Perception [M]. London: Methuen & Co., 1932: 303.

第五章 普赖斯论物质事物

普赖斯认为，对于这样的物质事物及其构成的物理世界的认识，必定以感觉予料为基础。或者说，任何物质事物最终都要借由感觉予料才能被描述，不管是借由它所包含的那个予料家族，还是借由该物体周边的其他予料家族。但普赖斯同时也指出，对物质事物和予料家族的认识不可能仅由对感觉予料的亲知获得。或者说，"物质事物性"或"予料家族整体"的概念都不是从感觉经验中通过对感觉予料的归纳整理可以得来的。在上一章"知觉认定"一节中曾经提到，任何感知行为发生时，我们不仅获得某个感觉予料，同时还把对象知觉为一个整体。"物质事物性"的概念就暗含在对于对象的这一整体把握中，它不是我们通过对感觉予料的整理和抽象可以获得的。在这个意义上，普赖斯把物质事物性看作一个先天（a priori）概念。① 家族统一体或予料家族整体同样如此。

普赖斯认为，一个予料家族整体不能通过感觉获得的性质至少有如下几种：

（1）任一予料家族都有一个核心感觉予料系列，它们构成的整体是一个特定的空间统一体。

（2）所有核心感觉予料系列及其相应的予料家族，都被统一在一个单一的综合空间系统（a single comprehensive spatial system）内。

（3）每个家族都在时间中延长或持存，由此尽管我们对这些家族中予料的获取总是充满间隔，但每个家族仍是一个时间整体。这一时间整体显示了不同于主观接续的固有秩序。

（4）空间统一和时间整体共同形成了一个在时间中持存的空间整体概念。这一予料家族的时空整体具有客观的时空秩序。

（5）从这样的予料家族概念出发，我们进而得到一个若干持存空间整体的综合系统概念（a comprehensive system of persistent spatial wholes）。这一系统内的各整体以某种时空关系被整合在该系统中。②

普赖斯认为，我们不仅意识到物质事物性或家族整体这类先天概念，我们同时还预期这些概念可以运用于我们获得的所有感觉予料。这种对感

---

① Price, H. H. Perception [M]. London: Methuen & Co., 1932: 306.
② Price, H. H. Perception [M]. London: Methuen & Co., 1932: 306-307.

097

普赖斯的知觉理论批判

觉予料可如此综合的预期在普赖斯看来,是人类意识非常重要的组成部分。因此这些概念始终内在于我们的知觉接受、知觉预期和知觉确信等一切知觉行为中。具体说来,在实际的感知经验中,我们从一开始就倾向于把任一感觉予料视为某家族的一员,并留意此后的感觉予料,以便进一步明确该家族的各种性质。同样,从最初的知觉轻信开始,我们就已经模糊地把握了物质事物性和予料家族整体,并以之引导我们随后的感知行为。普赖斯认为,这些概念是心灵在感知时的常设条件(standing condition)。由此在知觉认定时,我们不仅认定了 s 所属的那个物质事物的存在,我们还同时认定了 s 所属的予料家族的存在。要进一步确定该事物的本质,我们就必须进一步确定该予料家族的本质和构成,明确它所包含的其他感觉予料、该家族的标准三维体及其空间位置。而当我们通过系列知觉行为,对某事物的存在及性质达到确信时,我们所确信的内容由两部分构成。一部分是对具有确定标准三维体和形状等性质的予料家族的确信,另一部分则是对该处被物理地占据的确信。①

第二节 普赖斯的物质事物论述存在的问题

一、物理占据物与予料家族是何关系

从以上普赖斯对物质事物的论述中,我们可以看到,普赖斯坚持物质事物是由特定予料家族和具有不可穿透性及其他因果性质的物理占据物共同组成的复合物。而在他对不可穿透性及物质事物的其他因果性质的论述中,我们可以看到普赖斯强调不可穿透性是物质事物的最基本性质。他强调物质事物必定首先是一个占据特定物理时空位置的存在物。"只要一个物质占据物持续存在并占据空间,它就总是在显示这样或那样的因果性

---

① Price, H. H. Perception [M]. London: Methuen & Co., 1932: 307-308.

第五章 普赖斯论物质事物

质。"① 而其他因果性质则必须以物质事物的不可穿透性为基础。普赖斯对物质事物的这种解释类似于个体的支撑物理论，它强调个体的性质必须有一个不可被还原为性质的承担者。而他对予料家族的解释则类似于个体的簇理论。② 在这个意义上，予料家族作为可感性质或予料系列的集合，也即作为性质簇，是一种本质上不同于物质事物的存在物。因此它占据时空的方式当然不同于物质事物占据时空的方式，进而，它当然也不可能具有作为物质事物本质性质的不可穿透性。因此，我们不能把不可穿透性和其他因果性质归给予料家族。

由此我们可以看出，普赖斯试图用具有物理因果性和不可穿透性的外部物理占据物来保证知觉对象最终的实在性。但这种物理因果性和不可穿透性本身应该如何被解释呢？当普赖斯认为予料家族与相应的物理占据物之间不仅有刺激-反应关系，而且有空间重合关系时，他到底在说什么呢？普赖斯本人对物理占据物的正面叙述不多，但作为感觉刺激源的、具有因果效力的物理占据物这类说法我们倒是非常熟悉。对外部对象的这种解释，实际上就是以牛顿为代表的近代物理学的解释。按照牛顿的说法，物体具有"广延性、坚硬性、不可入性、可运动性和惯性"，不同于物体呈现给我们的颜色、光泽、纹理等可感性质，前者才是物体的真正性质。③物体的这些性质"只有通过实验才能为我们所了解，所以凡是与实验普遍符合而又既不会减少更不会消失的那些性质，我们就把它们看成物体的普遍性质"④。至于我们看到的颜色、听到的富有磁性的声音、闻到的香气等，也即被归为物体第二性质的那些性质，则不过是被禁锢在大脑中的灵魂对外部刺激做出的各种反应而已。作为一位理智的经验主义者，牛顿明确地说，外部存在和世界的真实性质不是靠感知经验，而是靠数学发现的。因为"外界只有一些具有可用数学处理的性质的物质微粒在以某些方

---

① Price, H. H. Perception [M]. London: Methuen & Co., 1932: 292.
② 关于个体的簇理论（或束理论）和个体的支撑物理论，参见韩林合. 分析的形而上学 [M]. 北京：商务印书馆，2003：4.1-4.2.
③ 伯特. 近代物理科学的形而上学基础 [M]. 张卜天，译. 长沙：湖南科学技术出版社，2012：197.
④ 伯特. 近代物理科学的形而上学基础 [M]. 张卜天，译. 长沙：湖南科学技术出版社，2012：185.

普赖斯的知觉理论批判

式运动"①。普赖斯不加质疑地接受了牛顿给出的这种物体解释，只是用不可知的物体本质来代替牛顿的力。当然，普赖斯也不满意牛顿对第二性质感觉的解释，他认为这些感觉到的第二性质不能被归给人的心灵或灵魂，而就是物体自身的性质。因此他才说予料家族与物理占据物之间不仅有刺激-反应关系，还有空间重合关系。这等于说第二性质不仅存在于我们的心灵之中，而且也存在于物理占据物所处的那个空间上。

或许普赖斯忘记了休谟的教义，或许他并不清楚自己在说什么。我们应当还记得普赖斯对于感觉予料之间关系的论述。在那里他和休谟一样，把时间、空间和物体的运动完全还原为感觉予料的建构物，也即仅凭两个相邻视域之间的时空连续在记忆中通过"接续无关"和"间隔无关"的相似性原则，构建出了一个感知者心灵之中的时空世界。但若按照牛顿的标准，说这样的建构物是时空世界简直是痴人说梦。牛顿指出：空间是绝对的，它"就其本性而言与一切外在事物无关，处处相似，永不移动"②。牛顿还指出："绝对的、真实的和数学的时间本身，依其本性而均匀地流逝，与一切外在事物无关。"③而我们所能测量或知道的时间和空间则是相对于某个参照系的相对时空。归根结底，牛顿想说的是，任何相对时空都最终在绝对时空之中，不可能超出绝对时空。最终，"巨大的外在世界只是一部数学机器，是一个由在绝对空间和绝对时间中运动的质量构成的体系"④。那个位于大脑之中的心灵，充其量不过是这个运动的质量体系中可以忽略不计的点。它所构建出的时空除了是一场虚幻的梦境，还能是什么呢？

为了阻止更加荒唐的推论，克服这场梦境，我们最好还是暂且抛弃牛顿的物理学和那个物理占据物，回到休谟的教义。事实上，这也是普赖斯

---

① 伯特. 近代物理科学的形而上学基础 [M]. 张卜天，译. 长沙：湖南科学技术出版社，2012：201.

② 伯特. 近代物理科学的形而上学基础 [M]. 张卜天，译. 长沙：湖南科学技术出版社，2012：209.

③ 伯特. 近代物理科学的形而上学基础 [M]. 张卜天，译. 长沙：湖南科学技术出版社，2012：208.

④ 伯特. 近代物理科学的形而上学基础 [M]. 张卜天，译. 长沙：湖南科学技术出版社，2012：224.

第五章 普赖斯论物质事物

在随后写作《休谟的外部世界理论》时已经做出的明智选择。在那里，他彻底抛弃了那个不可知的物理占据物，重新回到感觉予料。显然，那时普赖斯已经意识到外部事物的实在性不能用具有因果性的物理占据物来保证，因为后者不是我们能直接经验到的，对它的设定超出了经验的范围。

二、更接近现象主义而非实在论的解释

假如抛弃牛顿物理学中的物质事物解释，只从经验出发，那么普赖斯可以采用两种策略来解释不可穿透性和物体的其他因果性质。一种办法是把可能的感觉予料理解为罗素所说的可感物，它在未被感知时依然存在，并且有确定的性质，那么我们就可以把不可穿透性和其他因果性质都解释为由它构成的予料家族内部系列感觉予料之间的关系。另一种办法是采取艾耶尔等极端现象主义者的立场，坚持诸如不可穿透、磁性等因果性质事实不是不需解释的客观事实，而是需要被解释的复杂事实。假如世界中的事物构成最终说来只能是感觉予料，那么这些复杂事实也必须由我们经验到或还原到相应的感觉予料事实才有效。因此，我们只需要重新规定感觉予料或者因果性质，就可以无须借助物理占据物而很好地解释所谓的因果事实或不可穿透性。

普赖斯在《知觉》一书中似乎在以上两种策略之间摇摆不定。他一时说要坚持感觉予料的中立一元论，宣称世界的终极元素只能是感觉予料，不管它以可能事件或别的什么形式存在，它都是外物或我们的心灵的最终构建材料。一时又说我们对不可穿透性的认识主要和最基本的依赖于视觉，"一个纯视觉的存在物能够发现我们所描述的所有事实"，即物理占据或不可穿透的事实。[①] 在普赖斯看来，我们对不可穿透性的认识必须依赖于视觉予料所体现的对象间关系的观察，而非首先依赖于触觉，即仅凭经验该对象自身。由此，我们至少可以说在认识层面，不可穿透性不是物质事物的基本性质，而是物质事物之间的一种关系性质。这种关系性质依赖于不同予料家族之间特定予料系列之间的关系。

---

① Price, H. H. Perception [M]. London: Methuen & Co., 1932: 280.

普赖斯的知觉理论批判

在此后的《休谟的外部世界理论》一书中，普赖斯放弃了他的中立一元论立场，不再探究感觉予料的本体论地位，而直接把它作为可经验的所予，进而用予料家族去解释不可穿透性和其他因果性质。普赖斯的这种解决办法无疑是一种现象主义的解决。关于现象主义，艾耶尔于 1940 年出版的《经验知识的基础》一书可以作为强现象主义的一个典型代表。在这本书中，艾耶尔坚持我们能知道的唯一事实是关于感觉予料的事实，而物质事物则是感觉予料的逻辑构造物。与感觉予料事实相对应的是感觉予料命题或感觉予料陈述，它们是被最终证实的、不可被怀疑的真命题，是一切经验知识的基础。而任何物质事物陈述都必须被还原为相应的感觉予料陈述才能获得其意义。并且任何物质事物陈述都必须被相应的感觉予料陈述加以证实，而这种证实是无穷的。

在这本书出版之后几年，艾耶尔受到普赖斯的知觉理论的进一步影响，重新修正了他的现象主义立场。在亚里士多德学会 1947 年 2 月 24 日召开的会议上，艾耶尔提交了一篇名为《现象主义》的论文，重新表达了一种弱的现象主义知觉理论。在这篇文章中，艾耶尔不再坚持任何给定的物质事物陈述都可以被还原为特定的感觉予料陈述。相反，他承认由于感觉予料语汇的贫乏，大多数感觉予料陈述事实上都必须借助于物质事物语言才能得以表达。此外，他也不再坚持任何物质事物陈述的证实所需的感觉予料陈述是无穷的，因此任何物质事物陈述都只有相对的真值。在《现象主义》一文中，艾耶尔提出仅靠特定的感觉予料陈述，我们不可能证实任何物质事物陈述；相反，任何物质事物陈述的证实都必须以外部世界中存在各种物质事物的理性信念为前提。以这一信念为基础，当下获得的任何感觉予料陈述都可以充分地证实相应的物质事物陈述。不仅如此，当某人的感觉经验发生异常时，艾耶尔认为他不会以新的感觉经验为依据，把自己此前的感知判定为幻觉或错觉；相反，他会以恰当的物质事物相关事件来解释这种反常的感觉经验的发生。比如，感知者 A 在某一可感空间点获得一系列兔子的视觉予料，随后在同一点获得一系列老鼠的视觉予料。艾耶尔认为 A 不会因此认为他此前得出的"我看到一只兔子"的物质事物陈述是错误的；相反，A 会自然地把这一系列感觉经验解释为：他看到的那只兔子突然变成了一只老鼠。或许他随后还会和旁人交流，以求得他人经验的证实。总之,在对感知经验的解释中,艾耶尔与普赖斯一样,接受了我们关于物质事物的理性信念所起到的主导作用。

此外,艾耶尔还进一步弱化了感觉予料在我们关于物质事物的认识中所起的作用。感觉予料的基础性地位最终被调整为:首先,任何物质事物存在的直接证据都只能是某些感觉予料的出现。其次,任何物质事物陈述都实际指向某些感觉予料陈述。最后,和普赖斯一样,艾耶尔认为,尽管物质事物的因果性质以及因果事件的发生不依赖于感觉予料的实现,但我们对它的认识只能通过相关感觉予料的获取。在这一点上,艾耶尔尤其强调物理世界中事件的发生或事实的出现完全不受可能感觉予料家族的限制。比如,他认为:"无论把相应的可能感觉予料家族解释成什么样子,克里平医生都谋杀了他的妻子,太阳有这样的直径都是确定的事实。"①

最终,艾耶尔认为,在知觉理论中现象主义的立场可以被表达为:把我们关于物理对象的信念作为一种理论,其作用是用来解释我们的感觉经验过程。②

从以上论述我们可以看出,普赖斯关于我们对物质事物的感知和认识的解释与艾耶尔重申的现象主义毫无二致。两人的区别仅在于,艾耶尔并未给出我们关于物理对象信念如何可能的进一步解释。而普赖斯的解释则更接近休谟所说的想象的综合。③ 在《休谟的外部世界理论》一书中,普赖斯甚至取消掉了作为对象整体的基本意识的存在,试图仅凭感觉予料之

---

① Ayer, A. J. Phenomenalism [M]. Proceedings of the Aristotelian Society, New Series, Vol. 47, 1946—1947: 186.
② Ayer, A. J. Phenomenalism [M]. Proceedings of the Aristotelian Society, New Series, Vol. 47, 1946—1947: 196.
③ 尽管普赖斯在《知觉》某些地方对现象主义提出过质疑(他认为现象主义的问题在于,物质事物的很多性质无法被归于感觉予料的性质,比如物质事物的因果性质或不可穿透性),但他并未触及这一立场的根本。正如阿姆斯特朗给出的国家与公民的例子,一个国家由公民和其他自然要素(比如领土、水源等)构成,去除这些要素之后国家也就不存在了。尽管如此,我们在有意谈论一个国家时(比如它的军事、外交和经济特征等),我们不能把这些特征分派给构成它的公民或领地。同样,我们说一个公民单身或离异,这样的特征也不适用于国家。两者各自具有不可传递的性质,并不影响一个国家是由众多公民构成的整体。同理,物质事物和感觉予料各自具有不可传递或通约的性质,不影响物质事物最终是感觉予料的构建物。而后者才是判断一个知觉理论是否是现象主义的根本(参见 Armstrong, 1961: 50-51)。在这个意义上,普赖斯的知觉理论当然是现象主义的一种。

间的恒常（constancy）和一贯（coherence）特征，通过间隔无关和接续无关原则构建出外部对象。

三、现象主义的几个问题

（一）物质事物的建构问题

在本章第一节关于感觉予料家族的论述中，普赖斯把任一予料家族一般地定义为由可能感觉予料构成的持存整体。他试图以此来解决予料家族的公共性或主体间性问题。如普赖斯所说：

> "（予料）家族在一种重要的意义上不依赖于任何一个或所有观察者。即使家族中没有任何予料被任何人实际获取，其所有予料也仍然是可获得的；不仅如此，即便在任何时候都没有被任何人获取，它们也仍是可获得的。那些可获得的予料一旦被获取，那么它们将会有绝对确定的性质和关系，不论它们是否实际被获取……这些事实并不在'依赖'的认知意义上取决于观察者：像其他的可知物一样，它们'存在在那儿'，而不管是否有人意识到它们。并且，它们甚至不预设某个观察者的真实存在。"①

但事实上，所谓的可获得感觉予料或可能事实并不能解决予料家族的公共性问题。因为我们对任一可能事实的具体设定都必须以经验中已经获得的大量感觉予料为基础，否则一个可能事实的设定将变成空洞无意义的条件陈述："如果如此这般的条件具备，将有如此这般的感觉予料出现。"进一步说来，一个完全由可能事实构成、没有任何经验作为参照和原型的可能予料家族是不可设想的。如普赖斯关于感觉予料之间关系的论述，任何予料家族中最为核心的部分是其中的核心视觉予料和触觉予料。如果没有已经实现出来的核心视觉予料和触觉予料的整合，也根本谈不上其相应予料家族的整合。而这两种核心予料一旦实现出来，它也必定是被某一感

---

① Price, H. H. Perception [M]. London: Methuen & Co., 1932: 274-275.

第五章　普赖斯论物质事物

知者所感觉到的、私人的。感知者 A 在获得某核心予料 s_1 时，他如何知道 B 描述的另一予料 s_2 也属于同一予料家族，因此两人在知觉同一对象呢？这显然不能依靠对感觉予料的感觉完成。要知道不同的感知者在知觉同一个外部对象，那么哪怕如普赖斯所说，知觉确信只能作为理性信念，它也不可能是私人的信念，而必定在共同体中有相同的信念基础。但这种共同的物质事物信念是如何可能的呢？

上文提到艾耶尔在《现象主义》一文中强调，感知者在获得异常的感知经验时往往求助于自己一般的物质事物信念。比如，当感知者 A 在保持观察点不变的情况下，其视域中相继出现性质完全相异的灰色的属于老鼠的视觉予料和白色的属于兔子的视觉予料时，他不会单凭视觉予料之间的时间接续原则把这次的观察经验视为幻觉，而是用物质事物语言给它一个尽可能合理的解释。A 可能会说看到一只老鼠突然变成了兔子。事后，A 多半会向他人讲述这次奇特的观察经验，并向他人求得证实。但这种证实的基础是什么呢？我们能够向他人寻求证实，首先基于我与他人分享相同的世界结构，并且我们能通过指认或言语的方式面向同一个对象。而这一点显然不是如普赖斯所说，通过物质事物性或家族整体这类先天概念就可以实现的。

最终，我们仍然需要解释知觉对象的公共性问题。换言之，我们需要解释不同的感知者知觉同一个外部对象、分享相同的世界结构是如何可能的。

我们说任何对象都处于特定的空间位置。按照现象主义的解释，我们能建立一个公共空间吗？上文提到，普赖斯认为一个予料家族所在的可感空间与其相应物质事物所在的物理空间有一种重合关系。但普赖斯同时也承认，我们对该物理空间的认识，除了借助于和该事物发生因果关联事件的其他事物的感觉予料（如我撞上一堵墙，身体产生疼痛感），没有其他可能的方式。那么最终说来，可感空间和物理空间在普赖斯的理论中并没有什么本质的区别。它俩的不同仅在于感知者对众多感觉予料进行整合时所采用的方式不同，并且对物理空间的认识还必须借助于可感空间，或者必定建立在可感空间的构建基础之上。比如，我要发现一张桌子的不可穿透性，首先需要整合出一张桌子的予料家族。这一工作主要凭借与这张桌子相关的视觉和触觉予料（或视域和触域）相互间的时空连续关系。其次则基于我已经获得桌子和它周边对象各自的感觉予料，并且已经整合或构建出了它们各自在可感空间中的位置。比如，我知道一个杯子在桌子的上面，我的脚在桌子的下面等。最后才依赖于我对这张桌子和周边事物发生关系时的感觉予料的整合。比如，桌上始终保持静止状态的杯子的视觉予料和我踢一下桌子，觉得脚疼的身体予料。按照这种方式，我可以对记忆中的各种感觉予料逐步进行整合，并构建出具有确定空间位置和关系的诸多对象。但我构建出的这一空间能被称为物理空间吗？按照普赖斯的解释，这就是物理空间。但它和可感空间有什么区别呢？它不是也只能存在于我的记忆中，而不能被其他感知者分享吗？

或许普赖斯会说，他所说的物理空间不是由单个感知者的感觉予料构建出来的，而是不同感知者的感觉予料共同构建的结果。但我对某对象获得的感觉予料与另一感知者对该对象获得的感觉予料之间具有怎样的关系呢？我的感觉予料与他的感觉予料可以构成同一个知觉对象，这是如何可能的呢？我们可以说某感知者自己的感觉予料相互间具有特定的空间关系，尽管这种空间关系只位于他的感觉空间中。我们可以说某感知者的感觉予料与另一感知者的感觉予料相互间具有某种空间关系吗？如阿姆斯特朗所说："它们既不在某个视域或触域中处于某种空间关系，也不在物理空间中具有空间关系。"① 由此，按照普赖斯的现象主义解释，我们根本不可能建构出一个公共空间。同理，我们也不可能仅凭感知者自身经验中的时间接续关系建构出公共的时间。② 最终，我们当然也不可能从感觉予料中建构出公共可知的外部对象。

那么普赖斯所说的物质事物的因果特性呢？如果在感知经验中我们能亲知到的唯一对象就是感觉予料，而物质事物不过是众多感觉予料的构建物的话，那么作为构建物的物质事物就不可能有感觉予料所呈现的可感性质之外的其他性质。即使有，那也是我们不可能知道的。由此，因果性质

---

① Amstrong, D. Perception and the Physical World [M]. New York: Humanities Press, 1961: 65.
② 关于现象主义建构公共时空之不可能的详细论述，参见 Armstrong, D. Perception and the Physical World [M]. New York: Humanities Press, 1961: 63-67。

要么是感觉予料自身的性质或关系,要么是我们赋予物质事物的一种人为规定。无论如何,物质事物都没有普赖斯所宣称的物理性质。当然也就不可能有独立于予料家族的所谓物质事物。

如此一来,按照阿姆斯特朗的说法,现象主义给出的最佳世界图景中也只有感知者和感知者已经获得的诸多感觉予料,并且"在有心灵获得感觉印象之前,一无所有"①。对于那些未被感知的物理对象,我们只能说它包含如此这般的可能感觉予料。但笔者已经指出,这样的物理对象解释没有任何实质性内容,它充其量是一种假设性的存在。比如我说,乾隆时期那个未被火烧的圆明园,在我看来,不过是众多无法实现的可能感觉予料事件的构建物。这样的说法是荒谬的。正如阿姆斯特朗所说:"当我们在谈论未被观察的对象时","我们在谈论某些未被观察的物理对象真实而非假设的存在,我们说这些对象的真实存在意味着人们获得感觉印象的未被完成的可能性"②,是物质事物的真实存在给予我们获得如此这般感觉予料的可能性,而不是相反。当然,现象论者可以退一步说,在现象主义的世界中至少还有众多感知者和其获得的感觉予料。

(二)感知者作为主体的同一性问题

在上文中提到,普赖斯坚持感觉予料中本体论层面的中立一元论。他不仅认为感觉予料是构建物质事物的基本要素,同时也是我们构建心灵的基本要素,因为"一个没有感觉到任何感觉予料的心灵将缺少思考的材料和情绪的对象"③。那么,在普赖斯看来,心灵是什么呢?从他的论述来看,心灵似乎是一个具有感知、情绪和思考能力的实体。但如果普赖斯把感觉予料的中立一元论贯彻到底呢?显然心灵将不再是实体,而只能是感觉予料的另一种构建物。或至少,感觉予料是心灵构建中一种非常重要的成分。阿姆斯特朗在《知觉与物理世界》一书中设想了这种中立一元论构

---

① Amstrong, D. Perception and the Physical World [M]. New York: Humanities Press, 1961: 55.

② Amstrong, D. Perception and the Physical World [M]. New York: Humanities Press, 1961: 54.

③ Price, H. H. Perception [M]. London: Methuen & Co., 1932: 137.

建出的世界模型。其中,根据感觉预料之间的时间接续关系,我们获得多个心灵。根据感觉预料之间的同时和相似关系,我们获得多个知觉对象。① 但糟糕的是,在感觉预料之间存在的时间接续关系仅仅是某个感知者经验或记忆中的时间接续。我该如何处理当我熟睡时或休克时经验中断的情形呢?我怎么知道昨天的我和今天的我是同一个我呢?或者我对童年那段时间已经完全没有记忆,所以那不是我,而是另一个人吗?谁能够始终保持清醒并具有超强的记忆力,以至于能始终处于时间接续的体验中,并把所有经验到的感觉预料都记为同一个整体呢?或者现象论者可以说,我是一个心灵实体,感觉预料只是这个心灵实体的性质。但如此一来,普赖斯就无法再坚持他的感觉预料中立一元论立场。并且,他必须承认外部对象作为感觉预料的构建物,不过是心灵性质的一种副产品。这又让普赖斯陷入与他的初衷相违背的唯心论。

综上,现象主义的解释既无法构建出公共的知觉对象,也无法建构出一个持存的感知主体,因此它不可能是一种可接受的合理解释。但现象主义的确揭示了感知经验中的一些重要事实,也即被洛克称为第二性质,或被归给感觉预料的那些可感性质,的确不同于洛克所说的第一性质或普赖斯所说的物理性质。前者是被我们亲知到的、被直接呈现或例示的,对于这些可感性质的知,不能等同于或还原为命题知识。比如,我可以通过光谱学原理向一个盲人解释什么是红色,但这一解释不同于我看到的那个红色。那个物体的红当下呈现给我,我对它的亲知无法传递给他人。我们由此也可以说这些可感性质是主观的或依赖于主体的,而物理性质则有客观的标准。比如,一张桌子的大小是可以通过尺子来量的,是确定的。而一张桌子的颜色则依赖于不同的感知者和观察条件,它是因人而异且随时变化的。②

---

① Amstrong, D. Perception and the Physical World [M]. New York: Humanities Press, 1961: 70-76.
② 关于外部对象第一性质和第二性质的论述可参见 Armstrong, 1961: 172-183; Bennett, 1971: 第四章。

第六章 评 述

简单说来，对普赖斯的知觉理论我们可以做出如下表述：在我们的感知经验中有两种相伴发生的意识行为，即感觉和知觉。其中，通过感觉我们直接接受各种感觉予料。感觉予料表现各种可感性质，并且由这些感觉予料我们可以构建出相应物理对象的一个予料家族，它表现该物理对象的一切可感性质。对感觉予料的感觉是我们一切亲知知识的来源。而在知觉中，我们认定并最终确信众多物理对象作为对象的整体存在。这种确信作为一种理性信念，是我们以这样而非那样的方式看待外部世界、构建予料家族的基础和根据。

在普赖斯看来，物理对象不同于感觉予料之处，就在于物理对象具有感觉予料所不具有的因果特性。我们通常认为，物理对象是一种具有多种可感性质并在时间中相对持存的实体。普赖斯则把这种实体性的存在还原为至少等同于由众多可能感觉予料和现实感觉予料构成的予料家族。由此，普赖斯认为，一个予料家族与相应物理对象的区别仅在于前者不具有因果性质。但他又承认我们对于因果特性的认识只能通过该予料家族与其他予料家族之间的关系加以认识。并且，如果按普赖斯的说法，通过知觉我们并未直接经验到物理对象，而只是获得了关于它的某种理性信念，那么我们也不可能直接经验到而只能相信物理对象具有因果特性。进一步说来，既然只有感觉予料是我们能直接经验的唯一对象，那么当某予料家族与其他予料家族之间出现类似于因果特性的关系时，我们当然应该认为只有这种关系是真实存在的，而所谓的因果特性不过是我们赋予的一种解释。并且这种解释只是众多不同解释中的一种而已。由此，物理对象与感觉予料并不具有实质上的异质性，或者说唯一能被我们直接经验到的对象只有感觉予料，没有其他。尽管普赖斯认为，感觉予料既是心灵世界的组成部分，也是外部物理世界的组成部分，因此它是"中立"的。但他的理论实际上证明的是，既然心灵和物理世界都由感觉予料构成，那么最终一切都是心灵的。没有独立于心灵的外部实在；即使有，也是我们无法经验到的。由此，普赖斯的理论反倒印证了唯心论的基本观点，而与他本人的初衷相悖。他整个理论的失败到底是什么原因造成的呢？如果其失败来自经验论内部的某些前提预设，那么我们能够清理这些错误的前提，以便为一种新的知觉理论做好准备吗？我们先来解决第一个问题，把第二个问题留待本章第二节处理。

第一节 普赖斯知觉理论的几个问题

从普赖斯的知觉哲学论述可以看出，其知觉理论的提出以及他试图解决的问题，都根植于近代经验论传统内部实在论和唯心论的论争。普赖斯试图通过知觉理论为独立于人类感知的外部实在进行辩护。对于他和其他参与这一论争的实在论者而言，外部对象的实在是一个不言而喻的默认前提。在他们的理论中，实在究竟意味着什么呢？在普赖斯的论述中，实在似乎就意味着外部对象独立于感知的实存。我们日常经验中接触的桌子、椅子、电脑之类的物品构成外部对象的主体。普赖斯试图证明这些日常物体的独立存在，最终却得出一个亲现象主义的结论。感觉予料成为我们的感知经验中可以经验到的唯一对象，而外部对象的持存则成为一个不可被最终证实的理性信念。

在未提出怀疑时，常识和我们的绝大多数感知经验都告诉我们有大量独立于主体的外部对象的存在，但我们竟无法为之提供合理的辩护。或许我们的方法有误？又或许我们的立论点错了？那么，以普赖斯为代表的传统经验论共享哪些基本的论点？这些论点又有哪些值得我们反思的地方呢？

一、对感觉予料的再思考

以普赖斯为代表的予料论者在引入感觉予料时，其用意是反对素朴实在论所谓"我们直接经验到的对象是物质事物表面"的观点。他们的反对理由主要基于如下几点。其一是所谓的"错觉论证"。也就是说，素朴实在论无法解释幻觉或错觉现象。予料论者认为，即使在幻觉或错觉中，P 的感知经验中仍然有清晰的感觉内容的呈现。对这一感觉内容本身的真实性我们是不能怀疑的。比如，普赖斯提到的摆在人面前的一个红苹果，我们可以怀疑它是蜡做的，甚至有可能是一幅 3D 的图像，但我们不能怀疑呈现在我们眼前的那个红色的、圆形的东西本身。这一不可怀疑的感觉予料就成为予料论者在研究感知经验时最为确实无疑的起点。但这一起点本身是有问题的。王华平指出，在任何感知经验中的确都有特定的感觉内容的显现，但予料论者由此就对感觉予料给出一种本体论的承诺（如罗素所说的可感物或殊体以及普赖斯所说的作为可能事件存在的可获得的感觉予料），这一跳跃却是颇值得怀疑的。[①]

艾耶尔在《经验知识的基础》中也曾对感觉予料的实体性理解提出类似的批评。比如他认为，当予料论者在谈及感觉予料的存在和物质事物的存在时，必须厘清两种存在在意义上的差别。当"存在"用于物质事物时，我们所指的是"物质事物具有独立于一切感知经验的存在"这一一般假设。但这种存在含义不能被运用于感觉予料。当罗素谈及可感物是持存的实体、感觉予料是我们亲知到的瞬时存在对象时，他不过是对"感觉予料"概念赋予了一种类似于物质事物语言的使用规则。艾耶尔指出，对感觉予料做出类似于物质事物的理解，不仅不能解决感知经验中的错觉和幻觉问题，反而会增加新的困难。艾耶尔强调，在感知经验中我们知道的唯一事实就是某些感觉内容向我们呈现了。至于具体怎么解释这些感觉内容的出现以及把它们纳入什么范畴进行分析，都只是一个语言规则的选择问

---

① 王华平. 心灵与世界. 北京：中国社会科学出版社，2009：59-60.

题，而非事实问题。进而，艾耶尔对感觉予料的存在做出这样的语言规定：存在即被感知。由此艾耶尔得出结论说："感觉予料存在于物质世界还是心灵之中这个问题，完全是因为错误理解感觉予料的特征所导致的。如果我们接受感觉予料语言，其实我们是在用一种既无关于物质事物也无关于心灵的另一种要素来解释感知经验。"①

予料论者的第二个理由基于"在任何感知经验中，我们直接经验到物质事物某表面"这一表述本身的不合法。予料论者认为，当素朴实在论给出这样的表述时，实际上他们已经暗示了物质事物具有三维封闭的形体，并且具有多个表面。素朴实在论者的问题在于，对物质事物的这种规定并非能直接经验到的，而是被非法加以使用的预设前提。比如，假如我是一个素朴实在论者，当我说我此刻看到这台苹果电脑的前表面时，实际上我此刻并未看到它的背面或侧面。事实上，在任何视觉经验中我都只能局限于某一个视角，看到某个"表面"。按照予料论者的观点，如果我要如实地描述当下这一视觉经验的话，我就不能说自己直接经验到的是这台苹果电脑或这台电脑的某个表面。因为当我这样认为时，实际上我承诺的比我实际经验到的要多得多。比如，我已经承诺了我看的这个对象不仅有背面，也有侧面，它是三维的等。②

予料论者给出的第三个理由可以被表述为同一物质事物或同一实体（substance）如何可能同时具有相互矛盾的多种性质问题。在实际的观察中，我们经常会碰到这样的情况。比如，同一枚硬币，我从正面看它，同一时刻A从侧面看它。我看到的硬币是圆形的，而A看到的则是狭窄的长方形硬币。我和A看到的是同一枚硬币吗？同一枚硬币怎么能既是圆形的又是长方形的呢？或者我和A看到的是不同形状的两个对象？一根笔直的筷子一半插在水里，看起来就是弯的。一根筷子怎么能既是直的又是弯的呢？在处理对象的第二性质（如颜色、气味、温度等）时，这一问题尤为突出。在此设想感知者A的右手先前握过冰块，然后他将两只手同时伸进一盆水中。右手感

---

① Ayer, A. J. The Foundations of Empirical Knowledge [M]. London and Basingstoke: Macmillan, 1979: 78.

② 关于表面的论述可参见 Gram, 1983: 2; Thompson Clarke, "Seeing Surfaces and Physical Objects", in Black ed. 1965: 98ff。

觉到温暖，而左手则感觉冰凉。同样温度的水，为什么两只手感觉到的温度却如此不同呢？至于特定对象的颜色、味道等的多变，则更是我们随处经验到的。在上一章结尾处谈到第二性质相比于第一性质的确更具有主观特征。要把它们完全归给外部对象的确存在很多无法解决的问题。①

从予料论者给出的以上三点理由，我们可以看出其理论中至少有两个预设前提。一个前提是，对感觉予料的感觉或特定感觉内容的出现是幻觉、错觉和真实感觉中共有的最小认知事实。另一个前提是，外部对象或者说物质事物是具有多种确定性质、结构和时空位置的三维封闭固体。这两个预设前提是否合法呢？我们先看第一个前提。

（一）对感觉予料的亲知是所有感知经验共有的最小事实

在此我们可以借用塞拉斯在《经验主义与心灵哲学》中给出的例子。卖领结的约翰在电灯未被发明并投入使用之前，一直对他所售卖的各种领结颜色了如指掌。但自打店里装上电灯之后，约翰就开始犯迷糊了。原来是蓝色的领结，在灯光下变成了绿色。当他向顾客推荐时，他只好这样解释："尽管这条领结现在看起来是绿色的，但它实际上是蓝色的。你可以把领结拿到太阳底下看看，就会发现它的确是很漂亮的蓝色。"普赖斯对约翰的遭遇可以给出如下解释：在不同的环境下一条领结看起来会有各种不同的颜色，这些不同颜色实际上就是约翰当时接收的不同视觉予料。尽管这些颜色都不是这条领结的真实颜色，但它们的确是约翰真实的感觉经验。当约翰说"这条领结实际上是蓝色的"，他实际意指的是，这条领结在更多时候（如在没开灯的正常观察环境中）对他呈现蓝色而非绿色或紫色的视觉予料。因此，一条领结的真实颜色就是观察者获得次数最多的视

---

① 普赖斯对这一问题给出的解决办法是：把所有第二性质都归给感觉予料，并用予料家族建构出某物质事物可感的部分。对于相对客观的第一性质，普赖斯认为它不能还原为感觉予料，它是物质事物物理的或因果的部分。对于这部分，我们可以通过感觉予料进行观察或发现。但如前文所说，普赖斯给出的这一方案导致外部对象在经验中的不可入，进而使得物理性质的存在成为不可证的断言。另一种解决办法是对物质事物或实在概念重新加以解释，这是本书将要采取的办法。关于实在的重新解释，参见本章第三节。

普赖斯的知觉理论批判

觉予料的颜色,也被称为该领结的标准颜色。①

按照塞拉斯的观点,如果普赖斯认为自己是在对约翰的感知经验给出一种客观分析,那么他至少错误地理解了感觉予料的作用。

首先,"某物看起来如何"在逻辑上后于"某物如何"。就如约翰的例子,他在学会使用"看起来"这个词之前,已经先学会了"是"的用法。并且当他说"它看起来是绿色"时,实际上他不单在描述或报道自己的感知经验,同时还包含对"它是否实际如此"的怀疑。② 因之,某物看起来如此的表述与某物如此的表述相比,并不像普赖斯所认为的那样,是更加贴近感知经验的、更为简单的描述,而是更为复杂。③

其次,感觉予料与其相应物质事物之间的关系并非如普赖斯所说,前者是后者的最基本元素,就如细胞是猫或狗的基本元素一样。④ 比如,当约翰看到一条绿色的领结,按普赖斯的理论,实际发生的是约翰的视域中出现一个绿色的表面或视觉予料。但塞拉斯认为,这种二维的表面或平面是一种哲学产物,它的确与我们的日常概念框架相关,但它并非对这一概念框架本身的分析。它不在我们日常语言的逻辑空间中占有任何位置。在这一空间中诸如绿色这样的性质其最基本的语法就是物理对象 x 在某时某地是绿色的。⑤

当然,普赖斯等人把感觉予料定义为物质事物的最基本元素,也与经验论传统对简单和复杂之间基本关系的设定有关。在他们看来,"心灵科学应该和物质科学一样开展——发现原子,然后通过揭示整体如何从原子构成来解释整体的性质"⑥。换句话说,在他们看来,在我们的感知经验中,复杂必

---

① 约翰的例子参见 Sellars, W. Science, Perception and Reality [M]. Atascadero:Ridgeview, 1963 and 1991:141-144。

② 在《感觉与可感物》(Sense and Sensibilia)的中译本中,陈嘉映曾给出中文中的类似例子:"例如,他看来很友善这话可以停在这里,对他实际上是否友善未做断论,但向着他实际上是友善这个方向考虑。他表面上很友善,差不多已经在说:'他实际上不友善。'"(约翰·奥斯汀.感觉与可感物 [M]. 陈嘉映,译. 北京:华夏出版社,2010:79.)

③ Sellars, W. Science, Perception and Reality [M]. Atascadero:Ridgeview, 1963 and 1991:144-148.

④ Price, H. H. Perception [P]. London:Methuen & Co., 1932:252.

⑤ Sellars, W. Science, Perception and Reality [M]. Atascadero:Ridgeview, 1963 and 1991:152-153.

⑥ Kelley, D. The Evidence of the Senses [M]. Baton Rouge and London:Louisiana State University Press, 1986:54.

第六章 评 述

定由简单要素构成，而简单要素的综合是我们能够对复杂的对象知觉进行分析的前提。基于这一前提，经验论者用感觉予料或简单观念所呈现性质的简单不可分析来定义所予。而知觉对象则是心灵运用自身的能力对所予加以整合和处理得出的，就如计算机处理特定的信息过程一样。予料论者对视域和触域的解释也与此相关。如前文所说，普赖斯认为视觉予料处于特定的视域之中，它是二维平面的瞬时存在。对视觉予料的如此描述实际上是把视域中一部分从其时空背景中剥离之后得出的还原焦点（reductive focus）。① 但如果我们不把所予设定为简单不可分析的，我们就会发现，在实际经验中，知觉焦点总是先于还原焦点。若要感知者描画出他从还原焦点看出的图像，需要他先掌握视点绘画的技巧。婴儿能看到一个碗或一架火车玩具的进深，而不是看到它们在他的视网膜上投射的平面影像。② 如果我们不接受所予或直接经验必须是简单不可分析的预设，那么我们就没有必要把孤立的视域、触域作为感知的最初形式。相反，在更经常的情况下，我们的感知必定包含各感觉器官的合作。相应地，在因果链条的终端处不是单个器官的感觉或还原反应，而是我们的对象知觉。其中，对象的进深、运动等性质被我们直接知觉，而不需以予料为中介加以解释。③

---

① Kelley, D. The Evidence of the Senses [M]. Baton Rouge and London: Louisiana State University Press, 1986: 55-56.

② 可参考 Brower, T. G. R. The Visual World of Infants. Scientific American, ccxv, 1966: 80-92.

③ 按照吉布森（Gibson, J. J.）的观点，在视知觉中完整的因果链条应该是光阵列投射到视网膜上，这一阵列具有连续的空间和时间关系，并在视网膜上形成一个向地平线延伸的表面。其中各个对象相互间的空间关系与对象一起在这一表面得以呈现。吉布森的直接视知觉理论基于他对物理光学和生态光学的区分。他认为物理光学意义上的光感刺激只是视知觉的必要而非充分条件。他把这种刺激所产生的信息称为"传入-输入信息"（afferent-input information）。视知觉产生的另一个必要条件是周遭的光的阵列（an array of ambient light）。在他看来，这一光阵列必定是有结构的或有差异的，而非同质的。感知者从这一方式中获得的信息被他称为"光阵信息"（optic-array information）。这类信息不是内在于神经元之中的，而是包含了视点的几何投射，是位于观察者之外，但为他可用的。由此视知觉不是从刺激到反应的一个单向因果过程，而是视网膜输入引起视觉调节，这一调节又改变视网膜输入，如此往复的循环系统。这被吉布森称为"视网膜-神经-肌肉系统"（the retino-neuro-muscular system）。我们的视知觉发生在光无处不在并从各个角度反射的光环境中，这其中，基于外部环境的相对稳定，光阵的轮廓（contour）和结构是不变的。我们在看一个对象时，我们首先看到这些不变的轮廓和结构，并在不同的视点看到环境中闭塞和开放的部分。而普赖斯等人所说的视觉予料（比如一个火柴盒在视网膜上投射出的一个长方形）则只能从外部观察者的角度才能被看作一个不同的要素，而非知觉者本人的角度。参见 Claire and Claudia ed. 1981; Gibson 1974; Gibson "A Theory of Direct Visual Perception", in Noë and Thompson ed. 2002。

115

普赖斯的知觉理论批判

最后,特定感觉予料的出现是否是一切感知经验中共有的最小事实呢?关键是看普赖斯怎么理解这一事实。如果他认为这是最基本的认知事实,那么实际情况显然不是如此。如塞拉斯所说,要识别某一直接感觉内容为红色的或其他的感觉予料,那么这其中必定包含这一感觉予料与此前某些感觉予料相似性的联想,或该感觉予料是红色的意识。因之,亲知到红色的感觉予料 x 实际包含着 x 与此前的某视觉予料 y 相似的事实,或 x 属于红色这一种类的事实。① 无论怎样,对特定感觉予料的亲知都必定预设了感知者对日常语言逻辑空间的熟练掌握。但如果普赖斯将感觉予料的发生视为非认知事实,那么他就必须放弃把感觉予料作为物理对象的最基本要素以及用感觉予料来建构物理对象的企图。② 此外,如上所述,我们也不能把感觉予料视为感知经验中共有的非概念内容。也就是说,即使我们考虑动物知觉中非概念的感觉内容,它也并不具有如经验论者所设想的那种事实上的原子结构。相反,这种原子结构不过是我们对感知经验本身附加的一种复杂的分析方式而已。

但予料论者或许会争辩说:没错,我们言说物质事物,我们说一张桌子具有怎样的形状或一件红色的外套或他被疼痛折磨等。但这样的言说中使得语词有意义或语词最终指称的是私人的感觉内容或感觉予料。一个从来没有见过红色或经验过疼痛的人不可能真正理解这些话语,尽管他可以同样地使用这些话语。一个真正理解"这是一件红色外套"或"他被疼痛折磨"的人,心中一定有一个红色的感觉予料或疼痛的感觉内容。每一个语词真正要表达的或最终对应的是这些特定的感觉内容。但语词的意义果真在于它所指称的那个私人感觉内容吗?

维特根斯坦在《哲学研究》中举了大量的例子来反对这种观点。设想我看到一个红色的事物,我不一定要说出"红色"或想到"红色",我也可以拿起一个红色的色块样板。我感到剧烈的疼痛,我可以发出惨叫,我

---

① Sellars, W. Science, Perception and Reality [M]. Atascadero: Ridgeview, 1963 and 1991: 140.
② 析取主义从另一个角度讨论了最小事实或最大公约数。这种理论认为真实知觉和幻觉不仅在认知层面不分享最大公约数,而且在构成经验的本质和现象层面也不存在最大公约数。详细论述参见本章第二节相关部分。

也可以在地上打滚。这两种对疼痛的表达都可以让周围的人明白我在经受疼痛,并把我送去医院或叫救护车。"红色"这个语词和红色的色块样板,最终都对应红色的感觉予料吗?惨叫和在地上打滚,都对应疼痛的私人感觉吗?如果我去到一个原始部落,当我发出惨叫或疼得在地上打滚时,当地的人或许以为我正陷入一种着魔或通灵的状态,以至会围着我欢歌载舞以示庆贺。渐渐地,我发现在这个部落中当某人感觉疼痛时他以安静睡倒的方式来表达,而别人会给他医治。于是当我再次感觉疼痛,我也会以安静睡倒的方式来表达。那么此前我不理解他们的疼痛或他们不理解我的疼痛吗?我们现在又如何理解了呢?在此,对于疼痛的表达可以是任意的,没有那个语词或身体表征绝对地或唯一地对应着疼痛。但一个有意义的疼痛表达一定要合于我们的生活形式。与之相关的是我们被人理解、得到救治。能够看到红色的意义在于知道在什么情况下该过马路等。脱离开这些背景,单独的"红"或"疼痛"没有任何意义。

予料论者或许会进一步追问:可是,不同生活形式之间的人为何能相互理解呢?难道不是以我们有相似的感觉予料为最终基础吗?但你既然说感觉予料最终是私人的,你怎么能知道你和他人具有相似的感觉予料呢?看到红色的感觉予料是最终的基础或原因吗?我们都能看到红色,不是以我们作为人类一员具有相同的神经生理结构、我们都长了眼睛、地球具有稳定的引力、太阳稳定地东升西落为基础吗?它们又以什么为基础或最终原因呢?宇宙大爆炸还是上帝创世?维特根斯坦说,外在的原因可以无休止地追下去以至无穷,但"只有在一个游戏之中认识才令我们感兴趣"[1]。我们所认识的原因其有效性需要在生活中证明,"也即随着时间的推移,以通常的方式得到证明"[2]。这话也可以换种说法,即一切认识或知识只有在生活之中才能获得其意义;清除生活的一切痕迹,给出脱语境的证明,没有人知道要证明什么以及那究竟算不算证明。外在的原因的确是我们生活中的一部分,但我们的生活会告诉我们在追问中应该在哪里止步。我

---

[1] 转引自韩林合. 维特根斯坦《哲学研究》解读:下册[M]. 北京:商务印书馆,2010:1208页脚注.
[2] 转引自韩林合. 维特根斯坦《哲学研究》解读:下册[M]. 北京:商务印书馆,2010:1208页脚注.

有一只手、我身体健康、我是一个中国人、我说汉语、周围事物保持稳定……最基本或普遍的自然事实与最基本的习俗或传统交织在一起,构成我们生活形式的根基。

综上所述,要宣称亲知到感觉予料是所有感知经验中的最小事实看来是不可行了。下面我们来讨论普赖斯对物质事物的基本界定。

(二)对物质事物的本体论设定

如普赖斯所说,素朴实在论者认为物质事物"必定是位于空间中的一个三维固体","它在时间中持存,并且有多种因果性质",并且"我们是否感知到它对这些时空和因果性质而言是无关紧要的"。[①] 问题在于,常人会这样理解他看到的那台电脑或那辆汽车吗?比如,当我看到这台苹果电脑的屏幕或在触摸它的键盘时,我会认为自己看到的是一个具有多种性质、具有特定的空间位置并在时间中持存的一台苹果电脑吗?事实上,我们在看或听或触摸的当下,我们只是以一种非常具体的方式经验到了外部的某个对象(也即这个对象的某些性质此刻非常生动和直接地向我呈现了),我们在经验的当下根本不会考虑到对于这个对象我们应该给出一种怎样的本体论解释。

在约翰的例子中,我们会说那条绿色的领结在灯光下看起来就是蓝色的。我们不会为一条领结可以呈现多种颜色而感到焦虑,并由此发明出感觉予料来解释看起来是蓝色的领结。问题在于普赖斯与洛克一样,对显象和实在做出本质区分。在日常生活中对某物看起来如何与某物实际如何的区分随处可见。当我发现这张桌子看起来是栗色的,并想知道这是否是栗色时,我可以拿栗色的色块样本来做比较。在日常生活中,一个事物的真实颜色或味道需要通过进一步的观察及他人的感知经验得到验证。但洛克和普赖斯的问题在于,他们把某物看起来如何与它实际如何加以非法扩展,最终发明出一个显象的世界和一个客观世界。在这样的世界图景中,某物是否是它看起来的样子这个问题不能通过进一步的观察来回答。要回答这一问题,我们必须首先界定客观世界或物质事物本身以及显象世界,

---

① Price, H. H. Perception [M]. London: Methuen & Co., 1932: 26-27.

第六章 评 述

然后来寻找两者间的关系。

此外,普赖斯认定我们觉知到的颜色、气味等可感性质(或洛克所说的第二性质)不是对象本身的性质,而是特定感觉予料的性质。这一方面当然基于第一性质与第二性质的区分。但普赖斯把这一区分本质化,并坚持两种性质对应不同对象,则不仅基于经验论一贯坚持的亲知原则,同时也与他们对"物质事物自成一类"的理解方式有关。从贝内特的论述中,我们可以看到这些予料论者对近代经验论基本观点的承袭。

让我们先来简单考察一下洛克对实体(substance)的解释。洛克认为,一个对象除了它所具有的各种性质之外,它还另有一种不可被我们感知的本质,这一本质使得它不只是若干性质的集合,而是承载不同性质的载体。[①] 当普赖斯谈论物质事物时,他显然是在这个意义上定义物质事物的。但是一个对象除开它的所有被我们感知到的性质之外,真的还另有一种本质吗?正如贝内特所说,如果认为它还另有一种本质,那么对这一本质的描述或界定将会陷入无穷的性质链。而如果认为一个对象除开它的所有可感知性质之外没有其他本质,那么"实体"这一概念也就没有任何意义了。[②] 贝克莱在处理这一两难困境时选择了后者,他把物质事物理解成观念的集合或建构,也即坚持物质事物的性质簇理论。普赖斯选择了前者,他坚持物质事物首先是一个个体的支撑物。他试图证明物质事物具有不可被还原为感觉予料的因果性质,并坚持这些因果性质是由物质事物的本质决定的。尽管我们无法知道其本质,但它的确存在着。但无法获知的本质不过是一种独断。如上一章所指出的那样,普赖斯无法为他的物质事物预设给出不可被击败的理由。事实上,一旦我们认定有物质事物,它是各种可感性质和因果性质的性质,我们就会陷入和普赖斯同样的困境。并且势必会跟普赖斯一样,花大量的篇幅来讨论物质事物本身的结构、性质及它与我们的感觉内容之间的关系,以弥合我们可以认识和把握的知觉对象和独立于我们的物质事物之间的鸿

[①] Locke, J. An Essay Concerning Human Understanding [M]. in two volumes. New York: Dover Publication, 1959: 18.

[②] Bennett, J. Locke, Berkeley, Hume: Central Themes [M]. Oxford: Clarendon Press, 1971: 63.

沟。正如贝内特所言，在此最根本的错误是，有很多种事物，但"事物"并不自成一类。我们不可能把电脑、彩虹、云气、星星等看作同样的物质事物，并给出一种总体的界定。要说彩虹有确定的性质和结构，在时间中持存，并是一个三维封闭固体，显然是荒唐的。同样，一辆自行车、一部手扶电梯……能算作一个三维封闭固体吗？这样的说法听起来多少有些怪异。因此，在新的知觉模型中，我们将不对知觉对象做一种本体论的界定。不管是气息、声音还是云彩……只要是外在于我们的，那么它都可以是我们的知觉对象。

以上我们探讨了普赖斯所代表的经验论论点中的几个错误。经过对这些错误的澄清，我们大致能够达成如下认识。首先，对感觉予料的感觉并不构成一类自明的或不可错的亲知知识。与经验论者所设想的相反，它既不简单，也并不具有逻辑或认知上的优越性。因此它不可能成为描述我们感知经验不可置疑的起点。其次，对物质事物自成一类的本体论设定，基于经验论者从某物看上去如何与某物实际如何的区分，到显象世界与实在世界的区分的跳跃和非法扩展。而这一设定额外增设了知觉对象与物质事物之间不可跨越的鸿沟。我们不应当给出这样的本体论设定。

二、经验论的知觉理论图式背后的本体论预设

上文提及坚持心灵直接意识或亲知到感觉予料，而物质事物则位于心灵之外，这并非予料论者的独创，它与洛克所代表的经验论对感知经验的解释是一脉相承的。在经验论中，经验对象总是被解释为内在于心灵的某种对象。由此，经验是发生在心灵内部、对心灵中某类对象的意识，这种意识不能以心灵之外的事物为对象，或它不可能成为连接心灵和物质两种不同实体的关系性活动（而外部事物的实存及其性质则是处于心灵之外的超感觉对象）。对经验对象的这一解释传统源自笛卡尔对心灵和物质作为两种不同实体的区分。在笛卡尔看来，心灵实体不同于且独立于物质实体。前者的基本性质是意识或思想，而后者的基本性质是广延。在笛卡尔的沉思中，外部事物的存在及性质、数学公理等都可以被怀疑，都有可能

第六章　评　述

是一场梦境中的内容或魔鬼输入给我的错误观念。唯一不可被质疑的就是"我在怀疑"或"我在意识（思想）"。我不能怀疑我在怀疑或我在思考这一事实，导出了笛卡尔"我思故我在"的第一公理。但这一推理过程实际上已经默认了思考、怀疑等不同的意识（思想）活动可以作为意识的对象。甚至对这些对象的认识先于对任何其他事物存在的意识。最终思考、怀疑等意识活动在笛卡尔看来不仅是不同的意识活动或意识状态，同时它们也构成了我们意识的对象。这些不同的意识状态和意识对象被笛卡尔视为同一种东西，即观念。① 在这些观念中，有一些是通过心灵之中受动的感觉功能产生的，这种功能"接受和认识可感知的东西的观念"②。无须借助形象的纯粹理智或领会与需要借助形象的想象或感觉之间唯一的区别就在于：

> "在领会时，精神以某种方式转向其自身，并且考虑在其自身中的某一个观念；而在想象时，它转向物体，并且在物体上考虑某种符合精神本身形成的或者通过感官得来的观念。"③

由此，心灵对一切外部知识的获取，都只能以对心灵内部观念的意识作为媒介。换言之，心灵中的观念作为事物的影像，是我们获取外部事物知识的基础。如凯利所说，心灵与物质的二元区分，同时也导致在认识论中"坚持意识作为心灵的内在性质，否认意识本质上是关系的，由此否认它本质上是对意识之外的某个对象的觉知"④。

---

① 在《第一哲学沉思集》的第三个沉思中，笛卡尔把思维的形式分为观念、意志或情感和判断三类。观念是事物的影像，笛卡尔认为这样的思维"才真正适合观念这一名称"（笛卡尔. 第一哲学沉思集 [M]. 庞景仁，译. 北京：商务印书馆，1986：36）。就这类观念本身而言，"在我想象上同样都是真实的"（笛卡尔. 第一哲学沉思集 [M]. 庞景仁，译. 北京：商务印书馆，1986：37）。在谈及判断时，笛卡尔认为观念之间的关系判断，只要不牵扯在心灵之外的非观念东西的关系判断，便不会出错。在这里，笛卡尔也提到观念不仅可以作为思维的对象，也可以是"我的思维的某些方式或方法"（笛卡尔. 第一哲学沉思集 [M]. 庞景仁，译. 北京：商务印书馆，1986：37）。
② 笛卡尔. 第一哲学沉思集 [M]. 庞景仁，译. 北京：商务印书馆，1986：83.
③ 笛卡尔. 第一哲学沉思集 [M]. 庞景仁，译. 北京：商务印书馆，1986：83.
④ Kelley, D. The Evidence of the Senses [M]. Baton Rouge and London: Louisiana State University Press, 1986: 11.

普赖斯的知觉理论批判

洛克接受笛卡尔赋予意识的透明性以及笛卡尔的心物二元论前提①，坚持经验作为意识活动的一种，只能以心灵中的观念为对象。但不同于笛卡尔，洛克坚持"实存（real existence）只能被实存证明……我们之外的其他事物的实存只能通过我们的感官向我们证明；但我们自己的存在以一种比通过感官知道的他物存在更高的确定性被我们获知，也即通过内知觉（internal perception），自我意识或直觉"②。简言之，洛克认为没有任何天赋或先天（a priori）观念，不求助于外部知觉和内部知觉，我们不能证明任何事物的存在，也不会产生任何观念。而内部知觉和外部知觉就被洛克统称为经验。在外部知觉中，外部存在作用于我、留下印迹，这些印迹就是我们外部知觉经验的对象，也即观念。不同于笛卡尔，洛克认为意识的对象（观念）不是心灵自身的产物，而是外部存在作用于我、留下的印迹。但他和笛卡尔一样，"把观念作为意识的直接对象"，"同时又是表征内容被察觉的意识状态"。③ 进一步，由于洛克如此强调知觉与知的亲缘关系，以至"观念"具有了双重含义：它既用于指称知觉中的对象或感觉予料；又用于指称思考对象或概念。如此一来，观念不仅成了我们在经验外部世界时的直接对象；当我们在谈及任何事物时，我们所谈及的主项也是由观念构成的。最终，在洛克的知识结构中，我们能够谈及的一切对象都只能是我们感官经验到的对象或感觉予料，又或感觉予料的构建物。④ 这导致"洛克把客观世界，'真实事物'的世界，置于我们不可企及的知觉

---

① 洛克在牛津读书期间读了笛卡尔的书，其理论受到笛卡尔的影响。但不同于笛卡尔，洛克不认为心灵是一种不同于物质的实体，因为"我存在"只有在思的时候才能直觉到，而且这种当下直觉作为内知觉，也是一种经验，因此"我存在"也是一种经验知识。除了知道"我"是一个思的存在，我不知道自己的任何本质。既然我所知的一切都只限于经验中获得的观念之间的差异或一致，那么我不可能知道物质或心灵实体的真正本质。不过对洛克来说，思的活动或意识活动只能以观念为对象，不同于物理粒子的运动。在坚持意识活动和物理活动是两种具有不同对象和性质的活动意义上，洛克的理论仍然是一种心物二元论。正是基于心灵只能知觉到或经验到观念，外部物质事物存在只能由观念间接地推出，才导出贝克莱"存在即被感知"的唯心论。

② Locke, J. An Essay Concerning Human Understanding [M]. in two volumes. New York: Dover Publication, 1959: 316.

③ Kelley, D. The Evidence of the Senses [M]. Baton Rouge and London: Louisiana State University Press, 1986: 18.

④ Bennett, J. Locke, Berkeley, Hume: Central Themes [M]. Oxford: Clarendon Press, 1971: 25-27.

第六章 评 述

帷幕的另一边"①。由此,贝内特把洛克的表征主义知觉理论称为"知觉帷幕说"(veil-of-perception doctrine)②。

"知觉帷幕说"以心物二元区分为基础,同时又导致如下的认识论基本原则:一个心灵或主体最确定地知道的是他自己的心灵状态,而他人心灵或外物的存在则必须通过对他自己的心灵状态的亲知间接地知道,因此这些知识永远也无法达到绝对确定性。③ 在普赖斯的知觉理论中,这一原则可以被表述为:我们可以有对感觉予料的直接经验,这一经验是我们能够直观到的事实;而我们对外部事物的知识则只能是一种理性信念。当然,这一信念是基本的、不可被还原的,它是我们能够为具体事物存在寻找根据的基础。④

普赖斯等予料论者认为,我们对感觉予料的感觉是亲知知识的观点也与此相关。如塞拉斯所说,对特定感觉内容的觉知被予料论者视作一种内在的心灵过程,就如我在思考某个问题或回忆某件事情是一种内在的心灵过程一样。以洛克为代表的近代经验论者把这种觉知视为对心灵内部某些简单观念(如白色、黑色、甜或苦等)的意识。在他们看来,对这些简单观念的意识就如对"三角形有三条边"的意识一样,是直接的。因此当我看到红色并说出或想到:"这是红色的"时,和我说出或想到:"一个三角

---

① Bennett, J. Locke, Berkeley, Hume: Central Themes [M]. Oxford: Clarendon Press, 1971: 69.

② Bennett, J. Locke, Berkeley, Hume: Central Themes [M]. Oxford: Clarendon Press, 1971: 25-27.

③ 某些予料论者(比如罗素、艾耶尔)引入感觉予料的最重要理由在于,他们认为感觉予料命题产生于对心灵内部状态或所予的直观,具有绝对确实和不可纠正的特征。对这一观点的批判参见 Bennett, 1971: 247-250。贝内特认为这一观点始自笛卡尔,其症结在于对逻辑确定性和内省确定性的混淆。在上文"对感觉予料的再思考"中没有对这一理由进行处理,因为这一问题与命题知识而非感知经验具有更紧密的关系,而在普赖斯的知识体系中并未强调感觉予料命题的基础性作用。

④ 普赖斯如何处理亲知知识和物质事物知识之间的关系,这不是本书要讨论的问题。但是普赖斯在《思考与经验》一书中构想的知识体系的确不同于艾耶尔所坚持的、被塞拉斯在《经验主义与心灵哲学》所批判的那种严格意义上的基础主义。在艾耶尔《经验知识的基础》一书所给出的知识系统中,亲知知识以感觉予料命题的形式出现,它是不可纠正的、绝对确实的;而所有物质事物命题都必须被还原为相关的感觉予料命题,或必须被后者加以证实。普赖斯不认为亲知知识就是关于感觉予料的命题知识;相应的,它也不承担知识大厦的证实基础和构建基础的作用。在普赖斯所给出的命题知识例子中,几乎总包含对某物如此这般的认定或理性信念。

123

形有三条边"一样，都是不可纠正的。但正如贝内特指出，近代经验论者混淆了两种安全（safety）：

"当某人对逻辑发现给出一种内省说明时……这个人可能会认为在建立一个必然或分析真理时，我只需要进入我自己的'观念'，也即我的某些内在状态。进而，他可以由此推导出，基于同样的理由，当我说所有红色事物都是有颜色的时，我是安全的。进而，当我说我现在头疼，我也是安全的。"①

当我说出"一个三角形有三条边"时，我的安全或不可纠正是由分析命题的必然真所保证的。而当我说"我现在头疼"时，我的不可纠正不在于命题本身，而在于我的内省状态。就如我相信某个命题一样，我认为我头疼谈不上犯错。如贝内特所说，对这两种安全的混淆，实际上是对心理确定性与逻辑确定性的混淆。

塞拉斯在《经验主义与心灵哲学》中，从语言的角度对这种亲知知识进行了批判。他指出，我亲知到红色并非如经验论者所认为的那样先于我知道红色不是绿色，而是相反。我亲知到红色必定意味着我已经对不同的颜色及其语词有所掌握。最终，我才能通过相似性或差异的比较，知道我此刻正看到红色的某物。②

在对所予的总体批判中，塞拉斯最核心的论点是，简单观念或感觉予料之类的所予不是认知的，它不在知识所属的理性空间中占有任何位置。由此，如果我们坚持经验就是对所予的直接意识，那么我们要宣称在经验中我们以某种方式遭遇到外部世界，并获得关于它的某些知识无疑是在痴人说梦。③

总之，坚持感知和认识都是以心灵中的观念为对象，因此对感知和知识的分析必须还原为简单观念、印象或感觉予料，这是近代经验论和20世

---

① Bennett, J. Locke, Berkeley, Hume: Central Themes [M]. Oxford: Clarendon Press, 1971: 248.
② Sellars, W. Science, Perception and Reality [M]. Atascadero: Ridgeview, 1963 and 1991: 140.
③ 塞拉斯关于所予的详细论述见 Sellars（1963 and 1991），Empiricism and the Philosophy of Mind。

纪感觉予料理论共享的知觉理论基本框架。它又源自笛卡尔开出的心物二元本体论预设。在这一框架下，挣脱"知觉帷幕说"，让感知经验直接遭遇外部对象的任何尝试都只能是无用功。

当然，坚持心与物、显象与实在、第一性质与第二性质及感觉予料感觉（或观念、印象）与物质事物知觉两分的总体思路的确不是以洛克为代表的近代经验论者的独创，它产生于近代科学和哲学共享的某些形而上学背景之下。在这一形而上背景中，实在迥异于我们日常理解的"实在"概念，它是数学化或量化的存在。对实在的这种基本设定导致感知与实在之间原本连续且彼此交融的关系出现断裂，并进一步带来感觉内容与外部对象知觉的两分，"知觉之幕"是其必然结果。在这一两分前提下，格外挑出错觉并引出"错觉论证"不过是对感知经验一般实在性进行怀疑并加深这一两分的方便之径。如伯特所说："一个时代形成的关于世界本性的基本图景才是它所拥有的最根本的东西。这幅图景最终控制着一切思想。"① 众所周知，近代享有迥异于中世纪的世界基本图景。在中世纪"人在任何意义上都是宇宙的中心。整个自然界被认为在目的论上从属于人及其永恒命运"；自然界"不仅是为人而存在，而且也直接呈现于人的心灵，并且能为人的心灵完全理解"。② 近代享有怎样的世界图景？又是如何一步步塑造成型并最终固化为形而上学预设的呢？要清除"知觉之幕"，我们首先要对这一近代形而上学发展的总体框架进行审察。

三、对近代经验论形而上学基础的进一步反思

如方肯斯坦所言，近代世界图景的转变主要基于科学理想的转变。近代寻求对实在的完全描述，它希求用单一原因（monocausality）来解释世界，具体到对自然界的解释中则仅用机械原因。③ 这一科学理想的成型依

---

① 伯特. 近代物理科学的形而上学基础 [M]. 张卜天, 译. 长沙：湖南科学技术出版社，2012：2.
② 伯特. 近代物理科学的形而上学基础 [M]. 张卜天, 译. 长沙：湖南科学技术出版社，2012：3-7.
③ Funkenstein, A. Theology and the Scientific Imagination [M]. Princeton：Princeton，1986：18.

普赖斯的知觉理论批判

赖于四种要素的融合,即数学化的方法、科学语言的明确化(unequivocation)、对宇宙的同质化和机械化理解。在自然图景的重塑中,决定性的要素是科学语言的明确化和对宇宙的同质化理解。① 近代科学要求一种简单、一贯的语言,也即用相同和差异的精确比较来取代通感、比喻、移情等传统的言说方式。由此,原本被视为小宇宙的人与天地万物一体的关联被斩断,万物之间不再是相互融通的关系。只有"一种明确的、普遍的、一贯的人造语言才能把捉我们清楚明晰的观念和它们的独特组合",它就是数学语言。② 借助数学,明确化和同质化的理想得以结合。其代表之一是哥白尼将数学相对性原理运用到天文学领域,用日心说取代托勒密的地心说。这使得对自然的同质化理解更易于被人接受。③ 同质化的宇宙要求同样的自然规律可以被用于天与地,因为"同种物质应该建造宇宙所有部分,它应由相同的原因或力支配"④。数学方法、明确化和同质化的结合,塑造了我们今天已经非常熟悉的观察和研究方法,那就是把一个对象从其背景中抽离出来,对它进行单独研究,通过分解进一步发现其本质。

在近代科学理想所塑造的世界图景中,英国经验论传统又格外受益于其中某些重要人物的思想。在这些人物中,第一个必须提及的是伽利略。伽利略是第一个兼具非凡的数学与发明创造天赋的伟大科学家⑤,他将数学从一种训练和培养理性物理学想象力的思辨方式转变为一种重构现实的工具。天文望远镜、温度计、脉搏计和计时器的发明正是他将数学用于重构现实所取得的成果。这些成果蕴涵着伽利略研究自然的一个基本态度,

---

① Funkenstein, A. Theology and the Scientific Imagination [M]. Princeton: Princeton, 1986: 28.
② Funkenstein, A. Theology and the Scientific Imagination [M]. Princeton: Princeton, 1986: 28—29.
③ Funkenstein, A. Theology and the Scientific Imagination [M]. Princeton: Princeton, 1986: 68—69.
④ Funkenstein, A. Theology and the Scientific Imagination [M]. Princeton: Princeton, 1986: 29.
⑤ 在大众心中,伽利略的名声多来自他在《关于托勒密与哥白尼两大世界体系的对话》中对哥白尼日心说的公然辩护,他因此也被当作坚持真理、敢于与顽固不化的罗马教廷抗争到底的科学勇士和典范。他的思想究竟如何不同于以往,在何种意义上革新了人们对运动速度和惯性的理解?在这种神化的故事中我们不可能找到任何的线索和答案。在众多科学史研究中,柯瓦雷的《伽利略研究》或能给我们提供最翔实的解答。

即对自然的研究首先是建构性的,只有可做的(doable)才是可理解的。①而其成功又塑造了此后研究自然的基本方法,那就是通过实验把感知经验与数学相结合。这一方法又进一步影响了此后对自然和感知经验的哲学理解。

那么伽利略是如何理解我们的感知经验的呢？他说,"我们的争论是关于可感世界,而不是纸上谈兵";"理性的每一个假说中都可能潜藏着未被察觉的错误,但感官的发现却不可能与真理相左"。② 由此,是感知经验而非理性假说是我们研究的起点。但它仅仅是个起点,"感官世界本身就是一个谜；它目前是一种尚未破解的密码"③。要破解这些密码,我们必须发现其背后的数学原理和数学单位。由此,我们看到了伽利略的方法：分解、证明、综合和实验。感知经验既是我们研究的起点,也是有待解释的对象。为了能够将其还原为或处理为可以定量组合的要素,我们必须对它进行分解。

分解之后,只有"理想实验显示构成运动力学基础的真正线索,也即如果不被外部障碍阻挡,物体将持续永久运动下去,这一发现教导我们基于直接观察的直观结论并非总是可信赖的"④。爱因斯坦所说的理想实验也就是伽利略所理解的实验。它与我们的日常经验没有多大关系,甚至往往背离我们的日常经验。尽管如此,这些实验以及通过它发现的物体惯性却能被设为极限情况(the limiting case)用以测量物体的运动。对物体运动进行量化解释,要求感知经验在任何时候都要服从于数学,从一开始的还原或分解到随后的解释。至于那些不合解释的感知经验,就只能是不真实的错觉。对伽利略来说,这些不真实的、虚幻的错觉就是我们对颜色、声音、气味等第二性质的感觉。我们以为这些性质是外部事物自身的性质,

---

① Funkenstein, A. Theology and the Scientific Imagination [M]. Princeton: Princeton, 1986: 178.
② 伯特. 近代物理科学的形而上学基础 [M]. 张卜天, 译. 长沙: 湖南科学技术出版社, 2012: 58-59.
③ 伯特. 近代物理科学的形而上学基础 [M]. 张卜天, 译. 长沙: 湖南科学技术出版社, 2012: 60.
④ Funkenstein, A. Theology and the Scientific Imagination [M]. Princeton: Princeton, 1986: 153.

但它们"不过是些名称罢了,它们只是寄居于那个有感觉的身体之中。如果把生命体移走,所有这些性质也就被消除或消灭了"①。伽利略采用物质的原子论进一步说明了只具有数学性质的原子如何作用于我们的感官,产生出第二性质的感觉经验。这些主观的感觉经验充斥着我们的生活,我们以为这些经验向我们展示了多姿多彩的世界,但那不过是幻想罢了。若没有人体,这些经验就无处放置,而不过是一些名称,它们在由原子构成的"自然"这架巨大的数学机器上没有立足之地。人作为自然渺小卑微的旁观者,若不运用理性和数学的能力,就只能永远生活在柏拉图所说的洞穴之中,自以为在充满惊奇、满怀激情和抱负地投身于世界与生活,结果看到的不过是火光在墙上投下的影子。

伽利略运用新的科学方法对自由落体运动的研究,对亚里士多德式的一切月下事物依其目的因,从潜能向现实转变的运动观发起了挑战。在亚里士多德那里,运动是潜能与现实两个端点之间的有限过程,其意义由端点赋予。这种运动观在中世纪晚期依然被经院哲学家所坚持,尽管他们已经开始了对运动进行量化研究的初步尝试。②借助力、加速度、动量、速度等概念对运动进行精确的定量分析,伽利略转变了对运动的基本理解。运动不再是用潜能和现实对物体为何运动的解释,而变成了对物体如何运动的数学研究。为了解释这种全新的运动概念,伽利略又不得不对时空重新加以定义。空间不再是亚里士多德所说的处所,也即不再是运动物体的"包围者的静止的最直接的界面",而变成了所有广延物体的背景,一种具有纯数学特征的几何空间。③时间成为时空坐标中不可逆的第四维,它是一个可以度量的连续统。伽利略对运动和时空概念的全新定义塑造了这样一个自然,它是一个由运动和力组成的封闭的、平衡的系统,就像一部保持力的平衡和均匀运动的机械钟表。在这个新的世界中,原因不再借助于目的或潜能的实现得到解释,原因和结果都是运动。我们只通过一种单一

---

① 伯特. 近代物理科学的形而上学基础 [M]. 张卜天,译. 长沙:湖南科学技术出版社,2012:66.

② 中世纪经院自然哲学中关于质和运动的解释以及对其进行量化处理做出了哪些尝试,可参见张卜天所著《质的量化与运动的量化》一书。

③ 亚里士多德. 物理学 [M]. 张竹明,译. 北京:商务印书馆,1997:212.

第六章 评 述

的力来解释运动，它处于物体之外，它就是重力或地心引力。至于力，根据伽利略的说法，我们对力的内在本性或本质一无所知，我们只知道它在运动方面的定量结果。"而具有目的、情感和第二性质的人，则作为一个无足轻重的旁观者和这场伟大的数学戏剧的半真实结果被驱逐了出去。"①

通过解析几何的发明，笛卡尔相信自己可以重构宇宙，因为宇宙根本上是一个几何的世界，其中只有广延和运动。物体的形状、大小和不可入性都可以还原为广延。至于运动中不可见的力，笛卡尔则求助于不可见的初级物质或以太。以太的运动形成一系列旋涡，一切可见的物体都在以太中自由运动。上帝确立了自然的数学定律。上帝还创造了心灵②这个思想实体。心灵的本质是思想。它不仅是这架巨大的数学机器的看客，它可以获得这个世界的真知识。但这种真知识的获得必须以怀疑一切，尤其是怀疑我们的感知经验为起点。通过怀疑，心灵实体便到达了"我思""我存在"这类不可怀疑的阿基米德支点，进而通过直观它还能获得"三角形由三条线构成"这类基本命题以及事物的广延与运动等简单性质。心灵在直观的基础上进行数学演绎，最终获得对物理世界的真知识。③ 这些真知识是关于物体的第一性质即广延和运动的知识，心灵对第二性质的感知不过是有广延的物体（包括身体）运动作用于大脑所产生或引起的。这些第二性质除了在心灵或大脑之中，不在任何地方存在。

笛卡尔的二元论没有解决无广延的心灵实体怎么能认识广延实体的问题。无广延的心灵最终被置于松果体中，从那里，它通过生命精气、神经甚至是血液散发到身体的所有其余部分。

---

① 伯特. 近代物理科学的形而上学基础 [M]. 张卜天，译. 长沙：湖南科学技术出版社，2012：82.
② 伯特洞见到笛卡尔用心灵实体取代了古代的"灵魂"概念。对心灵的感觉主义理解，即认为心灵就是接受外部刺激并产生感觉印象的有机体运动。根据这些感觉印象所体现的运动先后在记忆中的联想，则通过以霍布斯、洛克为代表的英国经验论方能得以实现。今天的物理主义依然沿着这条道路，为把心灵还原为物理的因果过程进行着不懈的努力。
③ 当笛卡尔宣称唯有以绝对不可错或不可怀疑的基本命题为基础，通过严格的数学演绎获得的知识才是真知识时，他所谓的真知识就是数学知识。数学知识按照公理和定理进行长程推理而不失真，的确没有犯错的可能性。但笛卡尔把这种数学知识等同于关于自然界的真知识，这实际上混淆了逻辑的必然真与经验真，或者他误认为关于经验的真知识也具有必然真或绝对不可错性。以洛克为代表的经验论从经验出发，反对笛卡尔给出的知识来源和起点。但他们并未质疑笛卡尔提出的知识标准。

普赖斯的知觉理论批判

当笛卡尔的《第一哲学沉思集》传到英国，遭到秉持极端唯名论倾向和更加彻底的科学精神的霍布斯的反对。他为《第一哲学沉思集》撰写了第三组反驳。霍布斯把笛卡尔的心灵实体斥之为经院哲学隐秘性质的残余。通过把心灵视为人体这一有机体的一部分，宣称在它之内发生的一切推理、意愿、感知、想象活动都是运动，霍布斯消解了笛卡尔的二元论以及由此带来的问题。在霍布斯看来，人和自然服从同样的力学规律，一切都源于运动。在《利维坦》中，关于人的论述从感觉开始，而感觉由运动产生。运动的结果是一个个的形象（fancy，seeming）。这些形象是一切思想活动的最初对象。形象会消退，那不是因为运动的衰减，而是更强的运动取代它占据主导位置造成的。形象的减退或成为过去被称为记忆，众多记忆汇成经验。① 洛克继承了霍布斯对经验的解释，即坚持一切经验和知识都必须从感觉开始。但他同时也深受笛卡尔的影响，坚持心灵具有不同于物质的性质，由此导出知觉之幕的问题。

霍布斯还另发明出一种全新的时空概念。在《论物体》（Metaphysical Writings）一书中，霍布斯坚持空间"是某物在心灵之外存在的幻影（phantasm）"，而时间则是"运动的幻影"。② 在霍布斯看来，既然自然界中只有广延物和运动，那么其他的一切包括时间和空间，也必定是由广延物的运动所产生的结果。比如，我看到面前这张桌子，我所看到的这张具有进深的、位于空间之中的桌子不过是一个只具有纯几何广延的物体运动在我的身体内部引起的幻影。时间同样如此，"自然之中只有现在存在；过去的事物只在记忆中存在；未来的事物则根本不存在，未来只是心灵的虚构，是把过去活动的后果应用于现在的活动"③。进而，既然自然中只有运动的广延物，那么其运动的原因和结果都只能是这些具体物体自身。在伽利略那里作为事物运动的最初原因存在的上帝被取消了。一切原因都只能在具体的特定的广延物中寻找。对于因果性的这种解释为洛克和休谟所

---

① Hobbes, T. ed. by Curley, E. Leviathan [M]. Indianapolis an Cambridge: Hackett, 1994: 8-9.

② Hobbes, T. ed. by Calkins, M. W. Metaphysical Writings [M]. M.W., La Salle: Open Court, 1989: 45-46.

③ Hobbes, T. ed. by Curley, E. Leviathan [M]. Indianapolis an Cambridge: Hackett, 1994: 14.

继承，但本书在导言部分已经指出，休谟的任务是对这种因果关系的必然性提出质疑。在休谟那里，被霍布斯称为幻影的感觉内容，被改称为简单印象。它是构成我们所有心灵内容的最终要素，因此一切心灵内容都必须还原到简单印象才能得以解释。最终，因果性、时间和空间成为简单印象按照一贯性和相继性等简单联想律结合起来的复合物。这种时空观又被普赖斯等予料论者所继承，无怪乎普赖斯要大费周章地用感觉予料构建出时间和空间。

牛顿力学把运动重新置入同质、无限的绝对时空中。时空同质保证自然的同质，在同质的自然中"同样的力可以以同样的方式在各处活动，同样的自然规律可以在各处有效"①。时空的无限性则保证了第一运动定律的有效性。以这样的时空为惯性参考系，运动得以用最简单的形式加以描述。并且牛顿的三大运动定律与万有引力定律的普遍适用也在实践中证明了这一点。时空的绝对性则保证了其中两个事件间的因果关系是有效的。此外它还可以确保不同的运动参考系能在一个绝对的参考系中互相变换。比如，我们可以以地球为参考系来考察某个地面物体的相对运动，也可以以太阳为参考系来考察该物体的相对运动。而地球或太阳这一相对参考系又都是处于绝对时空之中的。尽管绝对时空超出我们可经验的范围，基本上就是个理论设定，但它不仅能确保"我们的参考系不是任意的"，而且"意味着该空间是一个完美的几何体系，并且蕴涵着一种纯粹的数学时间"。② 在这一绝对时空之中，处理运动最为重要的两个概念是物体的质量和力。凭借这两个概念，牛顿定律能够很好地解释地面物体、天体的运动状态或运动轨迹。于是，与质量相关的物体第一性质（广延、不可穿透、形状）的实在性得到进一步确认，并愈加凸显了第二性质的非实在性。

物体在均匀的、无限的、静止的绝对时空之中相对于其他物体运动，牛顿坚信自然界尤其是天体运动的完美与和谐必定是基于上帝的创造和他

---

① Funkenstein, A. Theology and the Scientific Imagination [M]. Princeton: Princeton, 1986: 91.
② 伯特. 近代物理科学的形而上学基础 [M]. 张卜天, 译. 长沙: 湖南科学技术出版社, 2012: 218.

的控制。但是随着上帝的一去不复返,这一宇宙图景迅即招致一种认识论困境。人作为绝对宇宙和谐的看客,不仅时刻被感觉到的第二性质迷惑,甚至我们的理智,它"如何可能把握一个在其中没有理智做出应答或控制的无法企及的世界呢?"① 休谟认为,牛顿实现了近代科学的理想,即以单一的原因来解释天地万物。他以之为范本,试图用单一要素(简单印象)来建立人性科学,却加深了人何以能认识实在的怀疑论态度。这一怀疑论的结果部分导源于他对心灵结构类似于牛顿物理世界的原子论结构的设想。此外,他还不加质疑地接受了其中隐含的、对于心灵作为极其贫乏的感觉接收机的预设。在这样的形而上预设中,我们的感知经验当然不可能为外部世界的实在性进行辩护,位于脑叶这个狭小暗室中的感觉接收机怎么可能有资格为这个由空间、时间和质量构成的永恒的无限宇宙辩护呢?普赖斯作为休谟在20世纪早期的后继者,既接受休谟对心灵原子式结构的预设,又不甘于休谟由此导出的怀疑论结论,最终在近代科学的形而上学框架之内,从感知经验出发为辩护外部世界的实在性做出了一次失败的尝试。

通过以上对近代哲学的形而上学预设做出初步反思之后,我们应当如何处理对象的第一性质和第二性质之间的差别呢?第一性质真的比第二性质更实在吗?如伯特所说,第一性质并非比第二性质更实在或更客观,它们只是更容易量化处理。在近代科学那里,量化或数学化被等同于实在或客观存在。第二性质之所以被认为只存在于人的脑室之中,则基于它们是难以被量化的、质的感受和经验。在近代科学那里被数学化或几何化理解的世界和宇宙与人对世界富有感情的领会和经验差异如此之大,这不仅要求我们牺牲掉那些实实在在的经验,还逼迫我们接受人的心灵是这个永恒的物理世界中极其渺小的可怜的异类。由此得出的心物二元本体论设定,实际上是勉为其难地为这个物理世界中的异类恩赐一个从属位置。

---

① 伯特. 近代物理科学的形而上学基础[M]. 张卜天,译. 长沙:湖南科学技术出版社,2012:259.

第六章 评 述

第二节 另一种知觉哲学的可能

一、两种析取主义理论

一旦消除近代科学的形而上学预设，还原对实在和感知的日常理解，我们大致会同意没有脱离开人的感知经验的那个孤立的实在。所谓实在就是我们日日看到、听到、摸到，在吃穿住行中、在思考追索中时刻与之打交道的那个生活世界及其中的人和物。而真实知觉作为一个笼统甚至过于宽泛的名称，就意味着我们对这个生活世界及其中的人和物随时随处的感知和体验。人能够真真切切地感知和体验，人方能生活。而错觉和幻觉则是生活中的非常态体验，没有真实知觉作为基础和参照，我们无法理解何谓错觉和幻觉。后者的意义建立于前者之上。坚持错觉和幻觉必须依赖于真实知觉才能得以理解，这就是当下流行的"析取主义"理论[①]。

在该理论内部，有人提出真实知觉和幻觉是本质上不同的经验种类，这被称为经验的析取主义[②]。这种理论强调，在真实知觉经验中内在地包含着知觉对象，或者说知觉对象是真实经验内在本质的一部分。而幻觉与之有本质的不同，因为它只有现象，而不包含对象。因此从本质上看，在真实经验和幻觉之间不存在"最大公约数"（a highest common factor），尽

[①] 笼统地说，知觉中的析取主义就是反对真实知觉和幻觉具有最大公约数或共同特征的理论，尽管在错觉的归类问题上各有不同。这一理论最早由亨顿（Hinton, J. M.）提出。他认为，当出现"似乎 S 看到 O 时"这样的表述时，它实际上等价于这样一个析取表述："S 看到 O v 在 S 看来似乎 O"。亨顿主要考虑的不是真实知觉经验与幻觉经验本身的差异，而是两者在语言表述中的差异。关于亨顿的理论可参见 Hinton, 1973; Snowdon, P. "Hinton and the Origins of Disjunctivism", in Haddock and Macpherson ed., 2008。

[②] 经验的析取主义强调真实知觉经验与幻觉具有本质的不同，在这一点上它不同于下文要讲的认知析取主义。麦克道威尔的认知析取主义没有给出真实知觉经验的任何本质规定，而是强调它具有和广义错觉迥异的认知地位。关于两者的区分可参见 Haddock and Macpherson ed., 2008: Introduction; Snowdon, 2005。

普赖斯的知觉理论批判

管两者在现象层面可能很难区分。① 这种理论的代表人物是斯诺登。斯诺登提出经验析取主义的目的是反知觉因果论。知觉因果论认为,知觉的本质必定包含外部对象对感知者的因果作用。其论证如下:

(1) S 处于看到或知觉到 O 的恰当状态 L(该状态即在 S 意识中呈现的现象内容)。

(2) O 在 S 的周边环境中。

(3) L 因果上不依赖于 O。

(4) S 没有看到或知觉到 O。

因此,该论证得出结论说,真实知觉中必定包含 L 因果地依赖于 O。知觉因果论坚持真实知觉与广义错觉在现象内容上的主观不可分辨,进而把 O 因果地作用于 L 视为 S 看到 O 的必要条件。因果论者进一步把 S 看见 O 定义为:当 S 经历某经验 E 时,O 对 E 负有因果责任。② 在《知觉、视觉和因果》(Perception, Vision, and Causation)一文中,斯诺登以某某成为配偶为例来说明知觉因果论的问题。按照因果论者的解释,A 成为配偶以 A 与 B 结婚所包含的因果要素为必要条件。但什么是 A 与 B 结婚的因果要素呢？B 的在场与 A 成为配偶具有直接的因果关联是 A 结婚并成为配偶的必要条件吗？给出这一条件的因果论者考虑到那个宣布 A 结婚的神职人员了吗？斯诺登指出,成为配偶的最好理论说明不是列举某人与某人外在的因果关系,而是某某与某某结婚了。同理,视觉的最好理论说明不是某个发生在 S 大脑中的 L 状态与 S 之外的某物 O 之间的因果关系。

在《知觉经验的对象》(The Objects of Perceptual Experience)一文中,斯诺登以视觉为例,进一步说明因果论者对"看"这一概念的理解有误。在因果论者对"看"的定义中,内在经验 E 是看的一部分但非全部。看见 O 还必须包含该经验与对象 O 之间的因果关联。在这一定义中,仿佛内在经验 E 是独立于主体之外的任何事情的。但在实际情况中,当我们看见一本书我们就是看见了那本书,其中没有一个单独的经验可以作为结果,与

---

① McDowell, J. Meaning, Knowledge, and Reality [M]. Cambridge: Harvard UP, 1998: 386.

② Snowdon, P. The Objects of Perceptual Experience. Proceedings of the Aristotelian Society [J]. Supplementary Volumes, Vol. 64, 1990: 123.

第六章 评 述

作为原因的那本书分离开来。同样，如果这本书只是引起我的内在经验的原因，那么我就不能看见这本书而只能看到那个经验 E。

我认为，知觉因果论最核心的症结在于认为真实知觉和广义错觉分享共同要素或相同内部经验的错误前提。而这一前提又进一步依赖于"错觉论证"。我们先来简单回顾一下"错觉论证"的核心论点。设想某感知者 S 经历了从看到面前的西红柿，到有一个看到西红柿的幻觉的主观无缝转接①，也即 S 作为实验室里的被试，在前一秒看到面前有一个真的西红柿，而在后一秒则通过对他大脑特定区域神经元的刺激，使得他产生了西红柿的幻象。而其中 S 获得的视觉现象是完全相同的，因此他通过内省无法知道两者是不同种类的经验。不管这种情况在目前能否实现，至少它在逻辑上是可设想的。"错觉论证"认为，既然 S 在此获得的经验内容是完全相同，即他通过内省无法分辨两者是不同的经验，因此两者是相同的。博纳和罗格指出，"错觉论证"的问题在于用不可传递的主观不可分辨性作为可传递的同一性的充分必要条件。② 比如，在渐变的灯光下，我没有察觉到灯光颜色的变化，因此在我的系列知觉经验中我获得前后无差异或主观不可分辨的相似现象内容。在灯光渐变的过程中，某一刻我突然发现封面变成了浅黄色的。按照"错觉论证"的推理，既然在我的系列观察中我获得的多个经验内容都是彼此不可分辨的，那么其中的任何两个经验都是一样。因此第一个（白色封面）和最后一个（浅黄色的封面）经验也是一样的。这一结论是荒唐的，因此其论证是失败的。有相似的经验内容是相同经验的必要但非充分条件。但正如凯利所说，"错觉论证"的最根本问题还在于它把共同的经验内容或在感知者意识中出现的相同现象内容视为感知经验的本质。或者说，它认为感知经验"包含一个经验状态，不管如何分析这一经验状态"，可以肯定的是"它在没有外部对象时也能出现"。③ 也就是说，它认为经验是内在的而非关系的。

---

① 在此借用了博纳和罗格的例子。Byrne, A. and Logue, H. "Either/Or", in Haddock and Macpherson ed., 2008.

② Haddock, A. Macpherson, F. ed. Disjunctivism: Perception, Action, Knowledge [M]. New York: Oxford, 2008: 70-71.

③ Kelley, D. The Evidence of the Senses [M]. Baton Rouge and London: Louisiana State University Press, 1986: 136.

普赖斯的知觉理论批判

知觉因果论接受"错觉论证"给出的内在经验解释。但如上文所说，这一论证根植于近代科学开出的形而上背景，依赖于对心灵与物质两种实体的截然两分。当然，要动摇知觉因果论在当下知觉理论中的主流地位的确不易。如斯诺登所说，知觉因果论只是各种认知活动理论中的一环，"共同要素+因果条件"这一模型已被扩展到对记忆和知识等其他认知活动的解释。在这一模型中，记忆与想象、知识与意见的区分取决于各自不同的因果条件。① 诚然，在科学研究中，我们的确可以功能地设想视觉经验的发生、记忆与想象的差异，并给出视觉经验出现必须具备的完整因果链条。但科学的因果和机制探索并不等于我们日常的看、记忆、想象等经验，成识如果完全还原为或等同于起动，那就没有成识，也就无所谓看、记忆和想象了。

除了对知觉因果论的反驳，斯诺登关于析取主义的正面论述很少。在他关于视知觉的论述中，其核心论点在于对"看到"一词的语义分析，即"看到"就意味着直接知觉到对象 O。进而，"看"必然包含一个外部对象，就如"结婚"一词必然意指 A 与 B 的合法结合。而幻觉则需要借助"看"的一般意义才能得到理解。在《析取主义的构述》(*The Formulation of Disjunctivism*) 一文中，他认为析取主义是这样的理论：真实知觉的本质是感知者直接经验到外部对象，在幻觉经验中则没有外部对象。但这一理论除了说明在真实知觉和错觉中我们直接经验到外部对象，而在幻觉经验中则没有外部对象之外，并没有详细展开和考察日常的知觉经验，因此失之笼统和过于宽泛。

在对知觉经验的分析中，要点在于没有对单个对象的单个感知，任何感知都位于周边情况②之中。不仅如此，几乎所有感知还都连带着个人感受、情绪反应、联想、视天赋和过往经验而定的对周边情况的整体领会。试图用是否包含对象或事实来分析纷繁复杂的感知经验，这仍然是化繁为简的自然科学思维方式。

---

① Snowdon, P. The Objects of Perceptual Experience. Proceedings of the Aristotelian Society [J]. Supplementary Volumes, Vol. 64, 1990: 133-134.
② "周边情况"(circumstances) 的中文翻译借用陈嘉映译文，参见陈嘉映《周边情况——一项维特根斯坦与奥斯丁比较研究》一文。

136

第六章　评　述

在《标准、可击败性和知识》（Criteria, Defeasibility, and Knowledge）一文中，麦克道维尔提出另一种认知的析取主义理论。

麦克道维尔首先借用维特根斯坦的观点，指出在疼痛的表现和疼痛的事实之间不是症候（symptoms）与事实的关系。对两者关系做如此理解的人自然会认为真的疼痛与假装疼痛具有相同的症候或表现，因此对他人疼痛的知觉在最好情形下也不能排除他在假装疼痛的可能，也即他在疼痛的事实是我们永远知觉不到的。进而，"他真的疼痛"这一命题在最好的情形下也会因其缺乏事实作为理由和根据而成为可击败的。麦克道维尔指出，这一理解模式来自身心二元的前提预设。它设定有超现象的事实或躲藏在表征背后的事实。在他人疼痛的例子中，身心二元、表征与事实的两分使得即使在最好情形下我们也无法经验到他人的疼痛，而只能经验到他人的身体表征。最终，既然真实的疼痛与假装疼痛可以具有主观不可分辨的、完全相同的身体表征，那么"他真的疼痛"和"他假装疼痛"将不再有实质的区分，进而我们永远无法真的知道并获得关于他人感受、体验等知识。对周边事物的感知与此类似。当我听见雨声或感觉潮湿时，在最好情形下也与天没有下雨而我产生幻听或错觉相容。

麦克道维尔指出，为克服对经验知识的普遍怀疑，我们必须坚持真实感知经验与错觉和幻觉经验在认知立场上存在本质的区别。而这依赖于对表现或周边情况与事实之间关系的重新定义，也即两者间是定义关系而非症候与事实的关系。他借用维特根斯坦的观点指出，温度计上的温度下降、空气突然变得潮湿、淅淅沥沥的雨声……不是下雨的症候，而是天在下雨的定义。当我们听到雨声或感觉湿冷时并非借助于以往经验推论出"天在下雨"。前者与后者之间的关系不是现象或症候与事实之间在经验层面的恒常联系，而是语法关系。① 天在下雨的语法包含着对其周边情况的描述，如温度骤降、空气潮湿、地面湿滑、淅淅沥沥的雨声……我们最初学习"天在下雨"时，是连带着这些周边情况学会使用这句话的，而非如机器人一般一旦某些特定指数符合，就重复"天在下雨"的发音。这句话同时又连带着找出雨伞、避雨、接未带雨具的家人、打不着车等更加广泛

---

① McDowell, J. Meaning, Knowledge, and Reality [M]. Cambridge: Harvard UP, 1998: 389.

的周边情况。

维特根斯坦把空气潮湿、地面湿滑、淅淅沥沥的雨声……称为天在下雨的"标准"(criteria)。麦克道维尔对这一观点给出进一步的阐发,正确地指出何种条件能够作为关于某个事实断言的标准取决于周边情况。① 比如,空气潮湿能否作为天在下雨这一事实的标准,取决于当地的一般气候条件和具体的周边情况。在常年干燥的地方,在感知者周围也没有加湿器一类的东西,空气潮湿可以作为天在下雨的标准。当感知者处于恰当的观察环境下,比如此刻空气变得潮湿、外面传来淅淅沥沥的雨声,那么他就处于知道天在下雨的有利位置。但他能够获得这一知识,还需要他对周边情况有大致了解,对某些现象有所关注等其他条件。麦克道维尔指出,在真实知觉情形中我们获得为相关断言做出辩护的不可击败的理由,而在错觉和幻觉的情形下我们只有可击败的理由。

不同于斯诺登,麦克道维尔的理论强调任何感知都处于特定的周边情况之中,这一周边情况连带着某一事件的前因后果。借用麦克道维尔的例子。同样的嘴唇,长在那张脸上我就看到它那微笑的、迷人的曲线,换到另一张脸上我就看出它的刻薄嘲弄。② 我们很难说嘴唇有不依赖于任何周边情况的表情,它作为最大公约数构成了我们看到嘴唇的共同事实。相反,任何事实的显现都位于特定的周边情况中。比如,我连着几天在吃饱之后都觉得饿,尽管饿的感觉是真实的,但我仍觉得这感觉是不真实或反常的。按照斯诺登的理论,我的饥饿感是真实的。但考虑到该经验出现的周边情况,我的饥饿显现的是我肠胃反常这一事实,我需要去医院做检查。得了厌食症的人瘦得皮包骨了还不觉得饿,他的饱胀感再强烈也是幻觉。同样,一个看不到红色的色盲,在绿灯变成红灯时能正确地停下脚步,这不是因为他能看到红灯,而在于他能通过对周围人的观察,正确地获得红灯亮了的标准。Muller-lyer 错觉是视觉经验依赖于周边情况的另一力证。

麦克道维尔认为,真实知觉让感知者处于更加有利的认知地位,但感

---

① McDowell, J. Meaning, Knowledge, and Reality [M]. Cambridge: Harvard UP, 1998: 377.
② McDowell, J. Meaning, Knowledge, and Reality [M]. Cambridge: Harvard UP, 1998: 378.

第六章 评 述

知者若要把这一潜在的认知优势转化为现实，还依赖于他的观察能力、知识和生活背景、过往经验、领悟力及他与周围人所共享的语境等其他因素。2013年的春晚上，我看见刘谦把一个红酒杯嵌到一个红酒瓶里。我知道那是魔术，所以我能欣赏它。一个不知道什么是魔术、从没看过魔术的人看到这一表演大概要惊掉下巴，甚至在之后会一遍遍重复这些动作，要把红酒杯嵌到红酒瓶里。再比如，中国人和西方人看到一个小孩刮痧后背上的红斑会做出完全不同的反应。中国人看到小孩背上的红斑，就能看出他哪个脏器或身体部位有问题。西方人看到小孩的背，第一反应是这孩子被打得惨不忍睹。两种反应基于不同的生活和文化背景中对该现象作为何种事实的标准所做出的不同判断。在生活中更经常发生的情况是，同样一幅画，有的人一眼就能看出那是塞尚的作品，有的人就只看到桌上有一堆水果。同样一瓶红酒，有人一品就知道是哪个酒庄用哪个年份的葡萄酿的，有人一喝就直皱眉头。看到同样一张脸，有人只看到核桃一般的干瘪和苍老，有人则能看到每一条皱纹里包含的苦难和坚毅。说两者的感知都是真实的，显然无视两者间迥异的品位、教养、鉴赏力和领悟力。而感知的意义恰恰深藏于其中。

你和周围人看到一个身高1.55米的女孩儿，你们能做出什么样的判断，不仅依赖于大家的平均身高，还依赖于你们对高矮的理解。如果大家的平均身高是1.45米，那你们的第一反应肯定是："哇，这女孩儿真高！"但若人均身高1.70米，那这女孩儿毫无疑问是个矮人。如麦克道维尔所说，在这两种情形中你们对各自断言都获得不可击败的理由。但这理由不主要依赖于她身高1.55米这一事实，而依赖于你做出判断所依赖的生活背景、周边情况和语境。

关于他人假装疼痛的情况则更复杂。假装疼痛意味着欺骗和撒谎，孩童要学会假装，或为难以承受繁重的学习压力，或为他的父母起到了不好的示范作用。看到他人假装疼痛不是单纯的看。要能看出他人假装疼痛，要求我们已经理解甚至亲身体验过欺骗和撒谎，并能动用善于观察的眼睛和敏锐的耳朵。相应地，看不出一个人在假装疼痛，主要不在于观察者的眼力不好，而在于他没有经验过，也不理解何谓欺骗。

二、对感知、语言和实在之间关系的再反思

在近代心物二元的本体论前提之下，一个人能直接把握并绝对确定的只能是他的私人感觉内容或者说感觉予料，而关于他人心灵和外物的认知则必须以他个人的感觉予料为中介，间接地推导得出。这些推导知识在最好的情况下也仍然是可错的。在此私人经验成为认知的起点和基础，感觉予料作为经验的最基本要素或最基本事实，也相应地被当作证实的基础。一切命题都必须被还原为或分解为最简单的命题形式，这些简单命题对应感觉予料的基本事实。在这幅传统经验论的认知图景中，私人感觉经验相比于语言和对外部实在的知觉具有不可置疑的优越性。我们已经论证得出这样的认知图景非但不能为外部实在做出辩护，它在最好情形下也只能是唯我论或现象主义的。

麦克道维尔的认知析取主义理论则强调，在我们的感知经验中，不存在脱离周边情况和语境的某一共同种类或基本事实，它可以作为感知经验分析中的最大公约数。相反，任何感知经验都处于特定的语境和周边情况之中。这一理论隐含了对感知经验、语言和实在之间关系的一种全新理解。笼统地说，三者之间的关系是内在的，它们彼此镶嵌、交织。在本书行将收尾之处，就让我们对三者间关系做一个初步的展开和把握，以帮助我们更深入地理解认知析取主义。

让我们再以疼痛为例。在传统经验论的图景中，我对我的疼痛有直接把握，这一把握或直觉没有犯错的可能。我对他人的疼痛则只能通过我对他人身体表征的观察，假定他人具有和我一样的身心结构，以假设加推论得出。由此只要他人真实的疼痛和假装疼痛的身体表征一样或非常近似，以至我获得近似或相同的感觉予料，那么我在两种情形下都会得出"他疼"的结论。换言之，在最好的情形下我对他人疼痛的感知也可能是错觉。上文已说明，这一前提源自私人感觉经验或感觉予料的认知优先地位。倘若拒绝这一前提，我们会发现我疼和他疼的确存在差异。我对自身疼痛的感受是直接的，而对他人疼痛的感受则主要来自对他人表情、语气、语调、语词及其他种种身体表现的观察。但这并不意味着我对自身疼

第六章 评 述

痛的感觉是不可纠正或不可能犯错的。否则我们就难以解释身体一瞬间毫无缘由的疼痛以及情绪等心理原因造成的疼痛感。我们也不能说对他人疼痛的感受是间接的或推导得出的。襁褓中懵懂无知的婴孩见他人因疼痛而表情痛苦并因此做出难受的反应，显然不是因为他能推导出他人的疼痛。这不是讨论的重点。重点在于尽管我疼和他疼有种种不同，但我们不能因此而忽略两者的相同，也即我疼和他疼一样，也需要表露和表达才有意义。而表达则主要通过我们的言语行为。我可能在睡梦中感觉头疼，但我起床后感觉正常，因此没有告诉任何人我昨天晚上的疼痛经验。过了几天我自己就把这事儿给忘了，就像什么都没发生一样。这次疼痛经验没有被表露和表达，因此没有留下任何痕迹也没有获得任何意义。在疼痛经验中，重要的不是疼痛的感觉本身，而是其表达，哪怕是隐藏的表达。一个人素来隐忍，从不向他人倾诉自己因疾病导致的痛苦。当他被查出癌症晚期却仍然倾尽全力隐忍并保持正常时，我们从他形销骨立、面色蜡黄中感受的痛苦反倒更加深刻。疼痛意义的表达和获取从来不似计算机信息输入那么简单，在对他人疼痛的简单认知活动中也连带着对他人品性的领会和态度，它们一起构成了疼痛的意义。疼痛的意义在日复一日的生活中以或隐或显的方式得以表达和领会，它镶嵌在我们的生活里，就是生活之为生活的一部分。生活之能够代代延续，不在于我们能对他人的疼痛给出证明或印证。

　　与对外物实存的确信一样，感受他人疼痛是生活立于其上、得以展开的基石。与感受他人疼痛一样，我们从感知获得的确信的确不是生来就有的。婴儿从其出生第一天就不断地练习着听、看、尝、触摸，同时练习着伸手、拍打、抬头、转头、踢腿、爬行、直立和行走。感知自己的身体与感知周围世界并行并彼此交织。或者说，知觉在本质上就是关系的而非主客对立的，知觉的能力伴随身体的能力生长，身体在婴儿尚不知自我为何物时即在与周边的对象以种种形式直接遭遇。在不断地品尝、触摸和跌撞中感知和体验周边事物，在父母的怀抱里接受最初的情感教育，学习用微笑或哭泣交流情感。在这些最初的感知与体验中，积累起对父母的信任与对周边事物实在性的确信。在这种确信中，我有一只手并不比爸爸有一只手更加不可怀疑。"爸爸有一只手"不是按照推己及人的方式从"我有一只手"推论得出的。我有一只手,奶瓶在妈妈手里,爬爬垫在客厅,蛋糕好吃……这是婴儿感知到的周遭世界,它们交织成一个整体,编织在婴儿日复一日的生活里。婴儿在这生活里成长,在尚不懂任何语言时就在摸爬滚打中获得对周遭世界的确信。如维特根斯坦所说,从这种确信方才展开对语言的学习或最初的语言游戏。而没有确信则谈不上任何行动,进而也不可能展开任何生活。相应地,没有对周遭世界及他人的确信和信任,也谈不上学习和掌握一门语言。在语言的学习过程中,婴孩慢慢从混沌中区分出我、父母、他人、食物、玩具、树木……从语言中婴孩学习理解自我、他人和世界。语言把我们从原本模糊不清、难分彼此的感知生活引领进一个充满差异、结构复杂而又彼此勾连的生活世界,进一步塑造我们的感知并让我们具有更加精细的感知能力。维特根斯坦强调,对语言的学习与理解作为原始行为的扩建物,也是生活的一部分。当孩子学会用高呼"我疼""我饿"来代替哭喊时,当他(她)看到春日里的花朵激动地呼出"花"时,这些最初的言语是孩童感知和体验的自然表露,是他(她)在成长过程中日益扩展的生活中的一部分。这些语词的意义依托于孩童在说出时的语境和周边情况,而非不变地对应疼痛或花的视觉影像。

在语境的层面上,孩童学会"我疼""我饿""花"这些语词,不仅在学习当疼、饥饿、花出现时就喊出这些语词,而且在学习汉语这门语言。语言的学习要求孩子可以举一反三、活学活用。这意味着孩童在恰当的情况下可以说出"花疼"或"妈妈不饿"之类的话语。而孩童能够说出这样的话语,说明他正在学习这些不同语词之间复杂的内部逻辑。语言的内部逻辑是经由语法规定的,而非由外部世界的结构规定。进而,没有哪个语词的意义是由其所指对象决定的。比如,当我们说"rot""red""红色的"具有相同意义时,其根据并不在于它们都指向相同的非语词对象,而在于它们在三个不同的语言系统中扮演的角色或功能相似。而功能相似又取决于德语、英语和汉语都把颜色词作为一大类,而不是把红色与圆形归为同类词。当然,这三个词的确指称相同的颜色——红色,但这种指称只是其部分的语法功能,并不能因此就决定它们在三个语言系统中的复杂用法,与其他语词之间的联系及使用语境等差异。要了解并充分掌握"红色"这个词的用法和意义,需要我们对汉语掌握到相当程度,知道"红色"与"绿色""黄色""蓝色""红火""热情""红白喜事"等词之间的联系。

在周边情况的层面上,孩童能够正确地说出"我疼""我饿",首先意味着当他感觉疼痛或饥饿时不再一味地哇哇大哭,而能正确地区分饥饿和疼痛并将之表达出来。这还意味着当他或家人遭遇剧烈疼痛时,他能够拨打求助电话并说出"我肚子疼"或"我妈妈肚子疼"。在此,语言与感知之间不是简单的刺激反应关系。如上文所说,感知不是单个的,而是连着前因后果、周边情况。我连着三天没好好吃饭,我饿,我对妈妈说:"给我多弄些吃的。"我刚吃过饭,还吃得很饱,却仍觉得饿,我对妈妈说:"我感觉不正常,可能肠胃出毛病了。"我要连着几天如此,我就该直接去医院检查了。从来没有脱离周边情况、一成不变的感知经验,更没有哪句话是为了陈述那干巴巴、孤零零的感知事实而生的。以言行事,说明了语言最基本的目的。

维特根斯坦把语言游戏称作原始行为的扩建物。其观点可以帮助我们进一步澄清语言、感知与实在之间的关系。他说:

"语言游戏的来源(和原始形式)是一种反应;只有在后者之上更为复杂的形式才能生长起来……"

"语言游戏的原始形式是确信,不是不确信。因为不确信绝不能导致行动……"

"在此考虑一下如下之点不无益处:看护、处理其他人的疼的位置,而并非仅仅看护、处理自己的疼的位置,这是一种原始的行为。因此,注意其他人的疼的行为是一种原始的行为,正如不注意自己的疼的行为也是原始的行为一样。"

"但是,在此'原始的'一词要表示什么意思?其意义当然是这样的:这种行为方式是前语言的:一个语言游戏以其为基础,它是一种思维方式的原型而非思维的结果。"

"确信其他人具有疼,怀疑他是否具有它等,是如此多的对待其他人的自然的、本能的行为方式,而我们的语言只是这种行为的一种辅助手段和进一步的扩建物。我们的语言游戏是原始的行为的一种扩建物（因为我们的语言游戏是行为，本能）。"①

这里维特根斯坦要反复强调的是，语言的产生与人类的其他行为一样，出自人的本能。在最为基本或原初的层面上，人类之所以能够生活、思考和实践，恰恰在于我们具有语言、行走于地面、通过感知确信他人的疼痛和周边事物的稳定持存等诸多本能。这些本能共同构成了我们的生活形式。其中，关于实在的信念又是使得人类能够掌握语言、思考、生活和实践……的基础。这种信念是前语言的。一旦我们掌握语言，我们就在语言之中思考实在。而试图剥离掉语言中一切人为的或主观的成分去把握那个赤裸裸的实在的一切努力，则只能是一场徒劳。如上文所述，传统经验论对于实在的把握或理解正是这样一条追索实在的科学化路径。它要剥离掉经验中那些人为的或主观的成分，留下那些与实在对应的或"自然"的要素，以之为探索实在或世界真相的起点。在这条路径上，经验和语言是被当作类似于显微镜或天文望远镜之类的科学仪器而被设想的。似乎只要我们对其进行精准的调焦，那肉眼中模糊和不可见的世界之真相就会呈现在我们眼前。如前所述，这是近代科学和哲学兴起之时诸多成问题的形而上学预设所导致的。与这种科学化的或对象化的探究方式相关的是对感知的推理论证式理解。当笛卡尔等人试图给出知识之不可置疑的起点和基础时，他们对包括感知在内的经验知识的理解都是数学化或科学化的。

如维特根斯坦在《论确定性》中指出的那样，当摩尔用"我有一只手"来证明外部世界的实在性时，他也犯了与之类似的错误。维特根斯坦指出，对"我有一只手"的确信没有道理可讲，尽管我们的信念、怀疑、知识、意愿等都以之为基础。但"以之为基础"或许是一种误导人的说法，仿佛"我有一只手"的确定性来自它与某类最基本的自然事实之间的严格对应关系，仿佛它说出了或镜像反映了我有一只手的自然事实。维特根斯坦在《哲学研究》中断然否定语言与自然事实之间的这种镜像反应关系。他说：

---

① 韩林合.维特根斯坦《哲学研究》解读：下册［M］.北京：商务印书馆，2010：1244-1246.

第六章 评 述

"如果可以从自然事实来解释概念建构，那么使我们感兴趣的不该是语法，而该是自然之中为语法奠定根基的东西了——概念和很普遍的自然事实的对应的确也使我们感兴趣（那些由于十分普遍而最少引人注目的自然事实）。但我们的兴趣却不落回到概念建构的这些可能原因上：我们不从事自然科学；也不从事自然史——因为对我们的目的来说，我们也满可以虚构自然史。"

"我不说：假使这样那样的自然事实是另一个样子，人就会有另一些概念（在假说的意义上）。而说：谁要是认为有些概念绝对是正确的概念，有另一些概念的人就洞见不到我们洞见到的东西，那么这个人可以去想象那些十分普遍的自然事实不同于我们所熟悉的那个样子，而他将能够理解和我们所熟悉的有所不同的概念建构了。"①

与其说"我有一只手"对应着我有一只手的事实，不如说它是一个语法命题。在此，语言对实在或对外部世界的反映不是如某些人所认为的那样，以为一个语言之中有某些核心的语词或概念，它精确地对应着某些关键的自然事实。进而，通过对这些自然事实的进一步考察和研究，我们可以获得更准确的语言。如上引维特根斯坦所说，这样理解的语言是另一种以正确对应和反映自然事实为基础的语言。而我们的语言（汉语、德语、英语等）不是这类语言。

在我们的语言中没有一种唯一正确的谈论实在的方式，它因其与实在的对应而是正确的。我们对度量单位的选择是任意的，但"诸度量皆以人之体为法"②。我们可以用米尺或目测来量体裁衣，但衣服总要做得合体，尽管合体并非做衣裳的目的。同样，语言要合体，尽管合体并非语言本身的目的。那么，语言要合什么体呢？语言要合生活形式的体。可以设想一种不合体的语言吗？一个几岁小孩两年前的衣服肯定不合穿了，因为他长大了。原来的衣服只能送人或扔掉，但生活形式改变之后的语言也如不合体的衣服那样，只能放弃不要吗？语言与生活形式之间的关系不像身体与衣服之间的外在关系。没有语言，就谈不上生活形式。也就是说，我们通

---

① 韩林合. 维特根斯坦《哲学研究》解读（上册）[M]. 北京：商务印书馆，2010：359.
② 陈嘉映. 说理 [M]. 北京：华夏出版社，2011：§3.12.

过掌握一种语言来学习和实践一种生活。掌握汉语、吃中餐、喝茶、看汉语的小说和电影、听相声、和周围的人游戏与情感交流……这些事情彼此交织在一起，共同构成我们的生活。同样，一个原始部落的人彼此说着他们的语言，过着他们的生活。汉语与原始部落的土著语哪个更合用或合体？这样的问题是没有意义的。因为它们就根植于并编织在各自生活共同体的生活形式之中。只有在那个生活形式中它们才有意义。脱离生活形式，两种语言就都是无意义的。

进而，我们通过观看、倾听、触摸、品尝、感受、体验及言说这些经验和感受来生活和认识这个世界。实在早已植入我们的生活里，而非如笛卡尔所言，一切只是一场梦境。但实在也不是一种我们可以精确把握或镜像反应的对象，仿佛我们只要具备特别尖端的科技和精密仪器，就能如解剖人体一样把实在一一暴露在我们眼前。实际情况是相反的，实在以各种各样的方式隐含在我们的生活和科学研究中，构成一切的出发点。我们可以以科学的方式或艺术的方式去揭示它，但任何揭示都只是对实在理解的再创造，脱离开实在的显现便无所谓实在。

第三节　结　　语

普赖斯从区分感觉和知觉入手来讨论我们的感知经验。他给出的这种区分的确揭示出感知经验的一些基本特征。首先，在经验中我们总会获得一些感觉内容，如看到那个红色、明暗，听到某个富有特质的声音等。其次，这些感觉内容具有不同于单纯的疼、痒、难受、别扭等内感觉或感受的特征，尽管它经常地与这样一些感受相伴随。比如，我看到阳光会感觉温暖，摸到天鹅绒时会感觉舒服，闻到狗屎味儿会感觉恶心。这种不同的特征就是在感知经验中获得的感觉内容都有外部指涉，它们都指向我们之外的某个事物。简言之，我们的感知经验既是内向的，也是外向的。简单说，感知经验让我们知觉到外部事物不足以解释我们同时获得的那些丰富的感觉内容。同样，把感知经验简单归约为或还原为这些感觉内容也无法

第六章　评　述

解释我们在经验中如何遭遇到外部世界。如我们所见，内向与外向之间的确存在张力。对于这种张力的解决，一种简单有效的处理方式是取一边，扔掉另一边。现象主义的还原或素朴实在论采用了这种方式。还有一种方式是在两者之间建立一种不可见或超经验的联系。因果推导论认为这种联系就是因果机制。但这种解决办法不仅会使感觉内容沦为一种因果链条之外的副现象，而且会因为知觉之幕而让所谓的因果机制变得可疑。实际上，这种理论既不能解释感觉内容的丰富性，也无法证明外部世界的实在性。外部世界在这种理论中是作为论证的前提被使用的，而非如它所自认的那样是其论证的结果。普赖斯的知觉理论首先承认感觉内容的丰富性，同时坚持我们在感觉的同时也以某种方式直接经验到外部事物。从常识来看，这是最理想也是最健全的处理方式。但因为种种错误的理解或设定，普赖斯的处理方式最终失败了。它没有能保证我们对外部事物的直接经验，相反它表明我们永远也经验不到外部事物。

如正文所说，这种错误的理解或设定中至少有如下几点。第一，普赖斯预先接受了笛卡尔心物二元的前提。在这一前提下，必然推出"我们只能直接经验到感觉予料而非外部事物"的结论。与这一前提相关，普赖斯对物质事物的理解是双重的，它既是感觉予料的构建物，又是具有不可穿透性和其他物理因果性的物理占据物。物理占据物的设想与近代科学对实在的量化或数学化处理有关。被数学化处理的物质事物是由具有广延和运动的原子构成的。我们看到的颜色、听到的声音、闻到的气味……被统称为第二性质，它们不是物质事物自身的性质，而是有广延的物体运动作用于大脑所产生的。这些第二性质除了在心灵或大脑之中，不在任何地方存在。普赖斯试图弥合第一性质和第二性质之间的鸿沟，或弥合私人的感觉予料家族与公共的物理占据物之间的鸿沟，但他的理论是在近代科学开出的整体世界图景之下进行的。如前文所言，对实在的数学化处理以及把心灵作为感觉刺激接收机的构想必然导致现象主义或唯我论。在这一形而上背景之下，我们永远难逃缸中之脑的困境。

要重获对感知经验的健全理解，需要我们随时警惕错误的形而上预设和简单还原的思考方式。感知是我们与世界发生关系的最基本方式，由感知牵引起的活动和基本生存方式不仅在不断改变和塑造着世界，也在改变和塑造着我们的大脑和心智。我们不可能通过科学研究获得对不变的感知机制的神经生理机制的研究，但这种研究的确可以帮助我们认识到人作为有语言的生物，与其他非语言生物的感知的不同。此外，我们如何处理语言、感知、实在的复杂关系，更重要的是，它与文化、活动和实践的关系，在科学主义如此昌盛的今天，或正是留给爱好哲学、善于思考的学人的第一要务。

参考文献

一、著作

[1] Alston, W. P. A Sensible Metaphysical Realism [M]. Milwaukee: Marquette University Press, 2007.

[2] Amstrong, D. Perception and the Physical World [M]. New York: Humanities Press, 1961.

[3] Audi, R. Epistemology [M]. London and New York: Routledge, 1998.

[4] Austin, J. L. Sense and Sensibilia [M]. New York: Oxford University Press, 1962.

[5] Ayer, A. J. Language, Truth and Logic, 2nd ed. [M]. London: Victor Gollancz, 1946.

[6] Ayer, A. The Foundations of Empirical Knowledge [M]. London and Basingstoke: Macmillan, 1979.

[7] Ayer, A. Raymond, Winch ed. British Empirical Philosophers: Locke, Berkeley, Hume, Reid, and J. S. Mill [M]. London: Routledge and Paul, 1952.

[8] Bennett, J. Locke, Berkeley, Hume: Central Themes [M]. Oxford: Clarendon Press, 1971.

[9] Black, M. ed. Philosophical Analysis [M]. Englewood Cliffs: Prentice-Hall, 1963.

[10] Black, M ed. Philosophy in America [M]. Ithaca: Cornell UP, 1965.

[11] Block, N. ed. Readings in Philosophy of Psychology [M]. Cambridge: Harvard, 1980.

[12] Bradley F. H. Appearance and Reality: A Metaphysical Essay [M]. Oxford: Clarendon Press, 1930.

[13] Claire, F. M. and Claudia C. , ed. Direct Perception [M]. Englewood Cliffs: Prentice-Hall, 1981.

[14] Crane, T. ed. The Contents of Experience: Essays on Perception [M]. Cambridge UP, 1992.

[15] deVries, W. A. and Triplett T. Knowledge, Mind, and the Given [M]. Indianapolis and Cambridge: Hackett Publishing Company, Inc.

[16] Dretske, F. Perception, Knowledge, and Belief [M]. Cambridge: CUP, 2000.

[17] Evans, G. The Varieties of Reference [M]. Oxford: Clarendon Press, 1982.

[18] Foster, J. The Nature of Perception [M]. New York: Oxford, 2000.

[19] Fish, W. Perception, Hallucination, and Illusion [M]. New York: Oxford, 2009.

[20] Fish, W. Philosophy of Perception [M]. New York and London: Routledge, 2010.

[21] Funkenstein, A. Theology and the Scientific Imagination [M]. Princeton: Princeton, 1986.

[22] Gibson, J. J. The Perception of the Visual World [M]. New York: Greenwood, 1974.

[23] Good, J. Wittgenstein and The Theory of Perception [M]. New York and London: Continuum, 2006.

[24] Gram, M. S. Direct Realism: A Study of Perception [M]. The Hague: Martinus Nijhoff Publishers, 1983.

[25] Haddock, A. Macpherson, F. ed. Disjunctivism: Perception, Action, Knowledge [M]. New York: Oxford, 2008.

[26] Hamlyn, D. W. Sensation and Perception [M]. London: Routledge & Kegan Paul, 1961.

[27] Hendel, Ch. W. ed. Hume Selections [M]. New York: Charles Scribner's Sons, 1955.

[28] Hinton, J. M. Experiences [M]. Oxford: Clarendon, 1973.

[29] Hirst, R. J. ed. Perception and the External World [M]. New York: Macmillan & London: Collier-Macmillan, 1965.

[30] Hobbes, T. ed. by Calkins, M. W. Metaphysical Writings [M]. M. W., La Salle: Open Court.

[31] Hobbes, T. Ed. by Curley, E. Leviathan [M]. Indianapolis and Cambridge: Hackett, 1994.

[32] Hume, D. edited by Norton D. F. and Norton M. J. A Treatise of Human Nature: a Critical Edition [M]. Oxford; New York: Clarendon Press, 2007.

[33] Holt, E. B., Marvin W. T., Montague W. P., Perry R. B., Pitkin W. B. and Spaulding E. G. The New Realism [M]. New York: Macmillan, 1912.

[34] Kelley, D. The Evidence of the Senses [M]. Baton Rouge and London: Louisiana State University Press, 1986.

[35] Locke, John. An Essay Concerning Human Understanding, in two volumes [M]. New York: Dover Publications, 1959.

[36] Mather, G. Essentials of Sensation and Perception [M]. London and New York: Routledge, 2011.

[37] McDowell, J. Mind and World [M]. Cambridge: Harvard UP, 1994.

[38] McDowell, J. Meaning, Knowledge, and Reality [M]. Cambridge:

Harvard UP, 1998.

[39] McGilvary, E. B. A Perspective Realism [M]. La Salle: The Open Court, 1956.

[40] McLaughlin, B. P. ed. Dretske and His Critics [M]. Cambridge: Basil Blackwell, 1991.

[41] Meyers, R. G. Understanding Empiricism [M]. Chesham: Acumen, 2006.

[42] Moore, G. E. Some Main Problems of Philosophy [M]. London: Allen & Unwin; New York: Macmillan, 1953.

[43] Moore, G. E. Philosophical Studies [M]. Totowa, N. J.: Littlefield, Adams, 1965.

[44] Nanay, B. ed. Perceiving the World [M]. New York: Oxford, 2010.

[45] Noë, A. and Thompson E. ed. Vision and Mind [M]. Cambridge and London: MIT, 2002.

[46] Peacocke C. Sense and Content [M]. Oxford: Clarendon Press, 1983.

[47] Pitcher, G. A Theory of Perception [M]. Princeton: Princeton UP, 1971.

[48] Price, H. H. Perception [M]. London: Methuen & Co., 1932.

[49] Price, H. H. Hume's Theory of the External World [M]. London: Oxford University Press, 1940.

[50] Price, H. H. Thinking and Experience [M]. Cambridge: Harvard University Press, 1962.

[51] Priest, S. The BritishEmpiricists [M]. 2nd ed. New York: Routledge, 2007.

[52] Rand, A. Introduction to Objectivist Epistemology [M]. 2nd ed. New York: Meridian, 1990.

[53] Regan, D. Human Perception of Objects [M]. Sunderland: Sinauer Associates, 2000.

[54] Reid, T. Essays on the Intellectual Powers of Man [M]. Cambridge and London: the M. I. T. Press, 1969.

[55] Reid, T. An Inquiry into the Human Mind, on the Principles of Common Sense [M]. Bristol: Thoemmes Antiquarian, 1990.

[56] Russell, B. The Problems of Philosophy [M]. London: Oxford University Press, 1912.

[57] Russell, B. Our Knowledge of the External World as a Field for Scientific Method in Philosophy [M]. 2nd ed. London: George Allen and Unwin, 1926.

[58] Russell, B. The Philosophy of Logical Atomism [M]. London and New York: Routledge, 1972.

[59] Schiffman, H. R. Sensation and Perception [M]. 5th ed. New York: John Wiley & Sons, Inc, 2000.

[60] Schwartz. R. ed. Perception [M]. Malden and Oxford: Blackwell, 2004.

[61] Sellars, W. Science, Perception and Reality [M]. Atascadero: Ridgeview, 1963 and 1991.

[62] Sellars, W. Science and Metaphysics [M]. Atascadero: Ridgeview, 1992.

[63] Smith, A. D. The Problem of Perception [M]. London: Cambridge, Massachusetts, 2002.

[64] Stroll, Avrum. Twentieth-Century Analytic Philosophy [M]. New York: Columbia University Press, 2000.

[65] Whitehead, A. N. The Concept of Nature [M]. New York: Cambridge, 1926.

[66] Wittgenstein, L. translated by Anscombe, G. E. M. Philosophical Investigations [M]. 2nd edition. Malden: Blackwell Publishers, 1958.

[67] Wittgenstein, L. translated by Kenny, A. Philosophical Grammar [M]. Oxford: Basil Blackwell, 1974.

[68] Wittgenstein, L. translated by Paul D. and Anscomble, G. E. M. On

Certainty [M]. London and Worcester: Basil Blackwell, Oxford, 1979.

[69] 约翰·奥斯汀. 感觉与可感物 [M]. 陈嘉映, 译. 北京: 华夏出版社, 2010.

[70] 伯特. 近代物理科学的形而上学基础 [M]. 张卜天, 译. 长沙: 湖南科学技术出版社, 2012.

[71] 笛卡尔. 第一哲学沉思集 [M]. 庞景仁, 译. 北京: 商务印书馆, 1986.

[72] G.哈特费尔德. 笛卡尔与《第一哲学沉思集》[M]. 尚新建, 译. 桂林: 广西师范大学出版社, 2007.

[73] 汉娜·阿伦特. 精神生活·思维 [M]. 姜志辉, 译. 南京: 江苏教育出版社, 2006.

[74] 斯图亚特·布朗主编. 英国哲学和启蒙时代 [M]. 高新民, 等译. 北京: 中国人民大学出版社, 2009.

[75] 维特根斯坦. 哲学研究 [M]. 陈嘉映, 译. 上海: 上海人民出版社, 2001.

[76] 休谟. 论道德原理 论人类理智 [M]. 周晓亮, 译. 南京: 译林出版社, 2010.

[77] 休谟. 人类理智研究 [M]. 周晓亮, 译. 北京: 中国法制出版社, 2011.

[78] 亚里士多德. 物理学 [M]. 张竹明, 译. 北京: 商务印书馆, 1997.

[79] 陈嘉映. 哲学 科学 常识 [M]. 上海: 东方出版社, 2007.

[80] 陈嘉映. 说理 [M]. 北京: 华夏出版社, 2011.

[81] 陈嘉映. 价值的理由 [M]. 北京: 中信出版社, 2012.

[82] 韩林合. 石里克 [M]. 台北: 东大图书公司, 1995.

[83] 韩林合. 分析的形而上学 [M]. 北京: 商务印书馆, 2003.

[84] 韩林合. 维特根斯坦《哲学研究》解读: 上下册 [M]. 北京: 商务印书馆, 2010.

[85] 王华平. 心灵与世界 [M]. 北京: 中国社会科学出版社, 2009.

[86] 张卜天. 质的量化与运动的量化：14世纪经院自然哲学的运动学初探 [M]. 北京：北京大学出版社，2010.

二、文章

[87] Alston, W. P. Back to the Theory of Appearing. Noûs [J]. Vol. 33, Supplement: Philosophical Perspectives, 13, Epistemology, 1999: 181-203.

[88] Ayer, A. J. Phenomenalism. Proceedings of the Aristotelian Society [J]. new series, vol. 47, 1946—1947: 163-196.

[89] Ayer, A. J. Cohen, L. J. The Causal Theory of Perception. Proceedings of the Aristotelian Society [J]. Supplementary Volumes 51, 1977: 105-141.

[90] Brower, T. G. R. The Visual World of Infants. Scientific American [J]. ccxv, 1966: 80-92.

[91] Burge, T. Philosophy of Language and Mind: 1950—1990. The Philosophy Review [J]. Vol. 101, No. 1, 1992: 3-51.

[92] Carrier, L. S. Immediate and Mediate Perception. The Journal of Philosophy [J]. Vol. 66, No. 13, 1969: 391-403.

[93] Chisholm, R. The Theory of Appearing. Perceiving, Sensing, and Knowledge [J]. edited by Robert, J. Swartz, New York: Anchor Books, 1965: 168-186.

[94] Hamlyn, D. W. Perception, Sensation and Non-Conceptual Content. Philosophical Quarterly 44 [J]. No. 175, 1994: 139-153.

[95] Hampshire, S. and Strawson, P. F. Perception and Identification. Proceedings of the Aristotelian Society [J]. Supplementary Volumes, Vol. 35, 1961: 81-120.

[96] Heck, Jr. , and Richard G. Nonconceptual Content and the "Space of Reasons". The Philosophical Review [J]. 109, No. 4, 2000: 483-523.

[97] Hinton, J. M. Perception and Identification. The Philosophical Review [J]. Vol. 76, No. 4, 1967: 421-435.

[98] Machamer, P. Recent Work on Perception. American Philosophical

Quarterly [J]. Vol. 7, No. 1, 1970: 1-22.

[99] Millar, A. What's in a Look?. Proceedings of the Aristotle Society [J]. Vol. 86, 1985: 83-97.

[100] Millar, A. Concepts, Experience and Inference. Mind [J]. Vol. 100, 1991: 495-504.

[101] Moore, G. E. Refutation of Idealism. Mind [J]. New Series, Vol. 12, No. 48, 1903: 433-453.

[102] Price, H. H. Reality and Sensible Appearance. Mind [J]. New Series, Vol. 33, No. 129, 1924: 20-43.

[103] Price, H. H. A Realist View of Illusion and Error. The Monist [J]. Vol. 36, No. 2, 1926: 340-354.

[104] Price, H. H. On the So-called Space of Sight. Proceedings of the Aristotelian Society [J]. New Series, Vol. 28, 1927-1928: 97-116.

[105] Price, H. H. The Appeal to Common Sense. Journal of Philosophical Studies [J]. Vol. 5, No. 17, 1930: 24-35.

[106] Price, H. H. The Appeal to Common Sense (Ⅱ). Journal of Philosophical Studies [J]. Vol. 5, No. 18, 1930: 191-202.

[107] Price, H. H. Our Knowledge of Other Minds. Proceedings of the Aristotelian Society [J]. New Series, Vol. 32, 1931—1932: 53-78.

[108] Price, H. H. Our Evidence for the Existence of Other Minds. Philosophy [J]. Vol. 13, No. 52, 1938: 425-456.

[109] Price, H. H. The Permanent Significance of Hume's Philosophy. Philosophy [J]. Vol. 15, No. 57, 1940: 7-37.

[110] Price, H. H. Touching and Organic Sensation: The Presidential Address. Proceedings of the Aristotelian Society [J]. New Series, Vol. 44, 1943—1944: i-xxx.

[111] Price, H. H. Professor Ayer on the Problem of Knowledge. Mind [J]. New Series, Vol. 67, No. 268, 1958: 433-464.

[112] Price, H. H. Appearing and Appearances. American Philosophical Quarterly [J]. Vol. 1, No. 1, 1964: 3-19.

［113］Snowdon, P. Perception, Vision, and Causality. Proceedings of the Aristotelian Society ［J］. New Series, Vol. 81, 1980: 175-192.

［114］Snowdon, P. The Objects of Perceptual Experience. Proceedings of the Aristotelian Society ［J］. Supplementary Volumes, Vol. 64, 1990: 121-166.

［115］Snowdon, P. The Formulation of Disjunctivism: A Response to Fish. Proceedings of the Aristotelian Society ［J］. New Series, Vol. 105, 2005: 129-141.

后　　记

　　这是一篇10年前写就的博士论文,想想或许对知觉研究能做出些微贡献,如今不知深浅地决定出版,就教于方家。本书以普赖斯的知觉理论为切入点,试图系统探讨经验论的整体脉络。如今若要重写一遍,线头的铺排必定比书中所涉更大,但眼下实在没有时间和精力从头再写一遍。相比正文,后记更为随意,为作者省掉系统立论和条分缕析的责任与麻烦。今借此形式把10年后的思路粗粗捋一捋。以下多数论点重在破,正面立论部分留待将来。

　　经验论的缘起基于近代的认识论转向,它起于笛卡尔在《第一哲学沉思集》里对既往知识的系统怀疑。知觉理论聚焦于其中的一个特定怀疑上,即我们如何通过感官感知获取关于外部世界的知识?笛卡尔对视知觉的怀疑基于诸种常见的视错觉例子。比如,光线的明暗会影响我们关于某对象远近的判断,若晦暗不清,我们就认为前方的那片森林离我们还远,相反则更近。若没有天文学的帮助,我们以为天上的星星就那么小,比月亮小很多倍。颜色也是一样,在不同光照下一个东西呈现的颜色会发生变化,就像一个人的脸色在不同天气下会有变化一样。那么,究竟哪个颜色才真是它(他)的呢?笛卡尔分析说,这些潜在或实际地包含错误的感知不仅是光线、感知者位置等外部因素导致的,更是感知者本人基于他以往的想象性经验和习惯所形成的错误判断导致的。

　　这些不同的例子说明即使动用理智能力加以判断、推理,我们也无法通过感知获取关于外部世界实际如何的知识。与之相较,笛卡尔认为唯一能让我们获取真知的，是基于几何运算的知识，后者来自从感知获得的广延性质，受几何律的辖制，因此我们可以确切地知道其对错真假。比如，在几何空间中，一个有确定广延的物体运动如何影响我们看到该物体的大小形状的持续变化，这是可以得到客观解释的。之所以客观，就在于这种解释不依赖于任何实际的观察者。它在没有任何实际观察者存在的情况下依然成立。而颜色、声音、气味、松软、坚硬之类的性质因其不受几何律的辖制，于是无从判断其真假对错。比如，在颜色的例子中，我们固然可以通过变中的不变得出一个物体的常驻色，但我们据以得出这一判断的依据则在我们一端，是我们根据过往的感知经验加以联想得出这一判断，而不在物理律则本身。受几何律辖制，能够进行几何运算得出一个有广延物体的长宽高的能力，被笛卡尔称作纯粹理智知觉（purely intellectual perception），唯它能让我们获取外部世界的真知。纯粹理智知觉不同于在感知经验中以习惯性判断起作用的理智能力。前者不参与感知经验的形成，不在生存活动中扮演任何角色，而只为获取真知。这是通过纯粹理性能力完成的。它与感知经验及其相关知识的关系，就在于通过对其实际如何的反思性判断，解释其发生和实际意味。

单就笛卡尔对知觉的处理来看，他认为感官感觉（视、听、触、嗅、味）作为被动接受性的感觉活动，因其受到物与物之间因果作用的辖制，无法让我们获得外部事物究竟如何的知识。用于应付生活的那些知识实际上是想象性联想和过往经验共同参与所形成的习惯性判断。这些是实用性知识，与外部世界究竟如何关系不大。对世界本身如何的知识获取依赖于理性能力，它是专属于人的一种特殊能力，它通过几何学计算和对感知经验的反思获得关于世界本身的绝对知识。这里埋着笛卡尔哲学中一个最大的雷，既然外部世界或者说物的世界只包含广延和运动，而获取真知的存在——灵魂，则只有理性和意志，以观念为对象，那么后者以反思获得的、以几何运算和命题形式呈现的知识，在什么意义上就是关于物本身的真知呢？简单来说，观念与它所指的物本身什么关系？如何发生这种关系？就物本身而言，一颗星星的大小果真能与其颜色分离吗？如果没有颜色和对这颗星星相对于其背景凸显出的颜色、光泽和位置的感知，我们怎么可能把它识别成一个对象呢？

普赖斯的知觉理论批判

休谟借笛卡尔的"清晰明确的观念"这一标准,把笛卡尔的架构整个掉过头来。他说最清晰明确的不就是我们看到那颗星星时获得的印象吗?我们除了这种当下获得的清晰明确,还有什么是比它更清晰明确的呢?休谟说我们关于外部世界的一切知识都以印象为开端。它是我们一切的习惯性判断、反思性判断唯一的材料来源,组织这些材料的时间、空间、因果等则都基于我们固有的倾向或惯习,我们通过联想构建了所谓的因果律。我们通过这些惯习、联想和印象,推导出关于外部世界的知识。普赖斯的知觉理论继承了休谟的印象优先原则。以此为出发点,他试图解决感知经验的实在论问题,即如何证明外部对象具有独立于感知的持存。表面上看来,以休谟、普赖斯为代表的经验论是以当下自明的、直接所予的感觉印象或予料为起点,逐步解决复杂问题(对外部对象的知觉、外部对象独立于感知的持存)的简单理论。但细究起来,这种知觉理论并不比笛卡尔的纯粹理智知觉更简单。它是有多个起源、来历多少有些不明的不同理论的杂糅物,一个杂交品种。

不仅如此,在关于感知模型的设定上,经验论与笛卡尔共享同一个基本原则,即感觉的被动接受性。只不过前者基于其自明性而设之为知识的基础,后者则因其被动性而将它排除出知识的领地。如此不假思索被接受为真的被动接受式感觉模型,究竟始于何人呢?竟至造成此后漫无休止的经院哲学式论争,把我们对动物与人的感知活动及其经验的理解带上一条明显错误的不归路。

目前可以确定的是,以感觉为基础来构想知觉,以递送-接收包裹或信号为隐喻的感觉模型构想出自亚里士多德的感觉理论。对感知得以发生的因果机制解释则出自古希腊盛行的机械论,它在亚里士多德的感觉理论中得以保留。因此作为动物灵魂机能之一的、被动接受式的感觉模型与物理生理机制解释在彼时即已埋下冲突。呈现在心灵中的印象或感觉予料则出自近代的光学和开普勒的视网膜成像。下面我们就来分头细说这些理论的主张。

亚里士多德对感知的系统阐述集中在《灵魂论》卷(B)二中。他先讲灵魂作为身体的实是,就如健康为某某的实是一样,身体领受灵魂,恰如身体领受健康。灵魂对于领受它的身体而言,既是它的目的(为何),

也是它的动因（何所为）和形式（实是），而身体"则内蕴有容此灵魂为之演化（表现）的潜能"。① 或者说，灵魂是使得生命物不至在其自发活动中超出限度、开裂或离散，调节不同乃至相反势力及其活动的机制，是保持其为它之所是的机能。一切生命物最普遍也是最基本的机能是营养，它让受供养者通过施作用于食物，使其从与之相反者，转化成相类者，让受供养者这"一个"获得增益，继续活动。营养作为灵魂的首要功能，就是"食物裨益'这个'以活动的能力。所以，它若一朝被褫夺了食料，这就不能继续存在"。②

相比于营养功能以主动者（食物消化者）作用于被动者（食物、食料），感觉功能则同时兼具潜在和现实的含义，它于诸感觉的本身无所感觉，必待外物刺激而产生。在未受刺激时，感觉是一种有待实现的能力，就如燃料有待外物点燃一样。③ 它有待于外物方能活动。感觉功能的实现依赖于以下几个因素。首先，在感觉中，色、声、味这些个别的可感物只有一个与之相应的器官，而各自成为视觉、听觉、味觉的对象，因此它们不会引起错误。运动、休止、数量、形状、大小则需几种感觉共同参与。④ 其次，视觉的发生，需以光和作为介质的透光体（气、水）为条件，光时时处处在反射，一切皆在光中得见。视觉的过程是光中的颜色运动了介质（如气），视觉器官（眼睛）又进一步被这介质所促动。若无此介质的作用，则什么也看不见，就如把一有色物体紧靠着眼睛看不见一样。⑤ 气味与声音也是如此。再次，感觉的发生，色、声、嗅之能被感，除相关于光、介质（由可感物引发）运动外，还相关于介质施于感觉器官的刺激强度。在可见程度上，视觉机能相关于能见和不能见（黑暗和过亮），听觉类似地相关于可听和不可听（静默和过于高亢的声音）。⑥ 换言之，刺激需要处在阈值之中，才能成为可见可听的。最后，感觉的发生还相关于感觉者本身。他触到一个与之同冷或同热的东西不会有感觉，"感觉实为被感

---

① 亚里士多德. 灵魂论及其他 [M]. 吴寿彭, 译. 北京: 商务印书馆, 1994: 414a, 25-30.
② 亚里士多德. 灵魂论及其他 [M]. 吴寿彭, 译. 北京: 商务印书馆, 1994: 416b, 15-20.
③ 亚里士多德. 灵魂论及其他 [M]. 吴寿彭, 译. 北京: 商务印书馆, 1994: 417a, 1-10.
④ 亚里士多德. 灵魂论及其他 [M]. 吴寿彭, 译. 北京: 商务印书馆, 1994: 418a, 10-20.
⑤ 亚里士多德. 灵魂论及其他 [M]. 吴寿彭, 译. 北京: 商务印书馆, 1994: 418b-419a.
⑥ 亚里士多德. 灵魂论及其他 [M]. 吴寿彭, 译. 北京: 商务印书馆, 1994: 422a, 20-25.

普赖斯的知觉理论批判

觉物诸所感的任何一个相反配对的'中和点'('中数')"。① 比如，要看到黑白，则感觉者本身既非黑也非白，方能潜在地能见黑白；又若要感知冷热，则感觉者本身既不冷也不热，方能潜在地感觉到冷热。相比于视觉、听觉、嗅觉，味觉和触觉的发生则无须介质，而是可感物与感觉器官的直接接触。

在详尽分析诸项感觉得以发生的条件和过程后，在卷二最后一章，亚里士多德总结说："'感觉'是除外可感物的'物质（材料）'而接受其'形式'，恰如蜡块接受指环图章的印文……模所受而存之者，只是印记，印章属金质或铜质材料，是与之无关的。"② 他又说："感觉器官与感觉机能原是相连而共在的，但它们的本性实不相同。行使感觉的事物（器官）是一有定限的度量，但其机能不落入这个定限，只是与之相涉的一个程式（形式）。"③

结合亚里士多德对视觉、听觉、嗅觉的阐述，我们可以说那个通过连续介质传递运动而作用于相应感觉器官的刺激是有定限的，不能太小也不能太大，类似于今天说的阈值。这是属于生理机制范围的。而看到、听到、闻到则不等于这个刺激-反应过程，而是对相应形式的"感应"。④ 这样一来，感觉的发生就包含两个环节，一个是生理物理的，另一个则相应于感觉器官通过感应而接受到的"印文"或形式（看到颜色，听到声音，闻到气味）。接受形式不同于营养活动，后一类活动持续地将非他之物转化为与他类似之物，他物之性质由这类活动本身得到定义。而对于这类活动的解释，则必然内蕴着既是它的目的（为何），也是它的动因（何所为）和形式（实是）的那"一个"生命体。与之对照，感觉这类活动严格说来并不是一种活动，它并非把相反之物转化为类似之物，而只潜在地作为各类相反性质的中和点（黑白、冷热），因此而能被动接受某物自身如此这般的形式。虽然这类被动接受式的感觉不受限于刺激的阈值，但它受限于特定感觉器官的接受能力，眼睛专门接受颜色，耳朵专门接受声音。此

---

① 亚里士多德. 灵魂论及其他 [M]. 吴寿彭, 译. 北京：商务印书馆, 1994：424a, 5-10.
② 亚里士多德. 灵魂论及其他 [M]. 吴寿彭, 译. 北京：商务印书馆, 1994：424a, 20-25.
③ 亚里士多德. 灵魂论及其他 [M]. 吴寿彭, 译. 北京：商务印书馆, 1994：424a, 25-30.
④ 亚里士多德. 灵魂论及其他 [M]. 吴寿彭, 译. 北京：商务印书馆, 1994：424a, 24.

后 记

外，它还有待于外物而起。也就是说，在没有刺激的情况下，它不能产生。

若感觉有待刺激方能被动接受形式，那么在刺激和感觉之间的区别到底是什么？如何理解感觉是为着这"一个"生命体，这个生命体既是它的动因又是它的形式？这些是由亚里士多德被动接受式感觉引发的问题，与其独特的感觉模式构想有关。对前一个问题，近代以后或偏重于追溯刺激-反应的完整因果链条；或偏重"印文"隐喻，强调接受这一终端的特性。对第二个问题，亚里士多德在《灵魂论》卷三中根据灵魂等级和目的论给出了一种解释。他说，触觉和味觉为营养活动所必需，而视听嗅虽对营养无益，但它们负责引起具感觉的动物相应之欲望，使其通过活动以获"优良的生活"。① 换言之，有感觉的生命体虽然在感觉这一环节是完全被动的，但在由感而生欲望、由欲而生活动这两个环节则是主动的，是为着这"一个"生命体的。而近代物理学和机械论自然图景的发展，则没有给目的论和亚里士多德意义上的灵魂学说留下容身之处。相反，各家更为关注各类灵魂或心智活动在获取新型的"自然"知识中所扮演的角色与功能。于是，为引发欲望和活动、为使生命体能够获得更好生活的感觉，如今被从这"一个"生命体的整体中分离出来，仅仅保留了单薄的被动接受隐喻，成为灵魂（心智）与物理（自然）保持接触的唯一纽带。它是单次、瞬时发生的接受和以杂多形式堆积的库存。它们作为杂乱无章的材料或予料，不能让我们获知外部世界究竟如何。我们基于概念、联想、想象、反思，对其加以整合组织的知觉活动寓于我们的心智或头脑之中，也无法让我们获知外部世界究竟如何。本已作为前提接受的心物二元，在对感知的种种解释和理论中被进一步强化，以至成为不可解的问题。所谓的纽带，实在有点名不符实。它不仅未能牵连和贯通其他要素以成一整体，反使之愈加地分崩离析。

承接自亚里士多德的感觉模型作为单次、瞬时发生的被动接受，既然有两个环节参与其中，那么对这两个环节又该作何理解，以明了其纽带作用呢？亚里士多德说这些专门的感觉是不会出错的，我们看到的颜色就是

---

① 亚里士多德. 灵魂论及其他 [M]. 吴寿彭，译. 北京：商务印书馆，1994：434b, 15-30.

那颗星星的颜色，我们听到的声音就是那个人的声音。错误只会发生在共同感知（运动、数量、形状等）和偶然感知中（他没有考虑错觉或幻觉的例子）。但专门性感觉活动为什么就不会出错？它既然需要刺激作为必要条件，而刺激是通过介质传导的，那么我们接受到的形式为什么不是介质的形式而是那个可感物的形式呢？退一步说，市场上人声嘈杂，我怎么知道哪个声音是哪个人的？山谷里的回音到底是从哪里来的？手机上播放的音乐又出自哪个可感物？本书最后一章介绍了塞拉斯给出的例子，一条蓝色的领带在灯光下变成绿色。投影仪投到屏幕上的颜色是哪个可感物的？在颜色和声音的感觉中，我们看到、听到的果真是那个对象的相应性质吗？那个到底是哪个呢？另者，刺激以气或水传导，我们接受到的形式也要通过气或水的传导吗？形式的传递-接受过程是如何实现的？此外，这里的接受者是谁？相应感觉器官还是灵魂？是谁发出的呢？可感物为什么要给我们发送形式？它们接受到以后又以什么样的方式保存在什么地方呢？在亚里士多德所说的灵魂？还是在今天类似中央处理器的大脑？

1800年后，开普勒基于光学提出的视网膜成像理论部分地解答了这些问题。他说可见物的每个点都在向四周发出光线，若存在一只眼睛，这些光中的一部分就会落在眼球上，形成发散辐射中的一个圆锥体。眼球上密布的视细胞接收到的光线通过晶体，再汇聚（聚焦）到视网膜上，在这里形成可见物的影像。发散和汇聚的光线是一一对应的，也就意味着发光点和聚焦点是一一对应的。这套光学成像机制保证了作为光源的可见物与视网膜成像之间点对点的对应关系，成就了投影仪、相机这类光学器材，看似完美地解释了视觉生理物理机制如何可能看到可见物的形式。不过被动接受的视觉成像既然在视网膜上，那它是被谁看到的呢？投影仪投下的影像被我们看到，隐藏在眼睛后面那个类似屏幕一样的视网膜上的影像呢？被住在大脑里的一个小人看到？它住在哪里？它看到跟我们看到是什么关系呢？抑或成像并不发生在视网膜上，视神经纤维被激活时只是分头把信号传递给下一级，最终这些信号在大脑中的某个区块统一搜集整合，这些点状的、明暗波长不同的基础信号在这里才被建构成"一个"与可感物符应的影像？

目前的脑科学研究倾向于将大脑看作一个活的器官，在那里没有一套

后 记

自动运行的编码–解码机制。视觉的产生没有专门的区块，而是在三个层级间完成，上层控制中下层。视觉的科学解释有待将来，但如果我们不先推翻以被动感觉为基础的知觉模型和感觉中点对点的刺激–传递–符应模型，我们可能都无法开始构想另一种解释的可能。本书中提到的计算机处理理论、感觉予料论、直接实在论、间接实在论、格式塔理论都不过是这一基础模型的变种。在这些理论中，单次、瞬时接受到的碎片式感觉以各种各样的形式和原则被加以进一步处理和整合，最终要形成的是对某物作为一个封闭的三维固体在几何化空间中连续持存的知觉想象、建构或判断。被动接受的感觉"印文"在知觉的推理、加工、处理、想象、建构之后，仍然需要符应这个可感物的形式，即其"所是"。在基本任务上，它们仍保留了亚里士多德对感知的机能设想。而这种机能设想的背后，则呼应着柏拉图那古老的关于世界本身的形而上学构想：某物之所是就是它的形式（型式），对它之所是的感知则通过副本、"印文"的方式对其加以模仿、再现或反映，以符应其所是。世界之所是（本体存在）根本说来是静止不动的，而感知也需静止不动方得以发生。

单次、瞬时的刺激–传导–接受–处理模型设想了刺激从开始到结束的一个完整因果链条，但这种模型根本不可能获得关于外物的任何信息。能够被传导、保存、接受的得是个东西，要么是包裹，要么是通讯中的数字或模拟信号。接收者接受到的就是这个东西本身，而非这个东西的发送者。至于这个东西是从哪儿、如何被发送和传递的，跟这个东西是什么并没有直接的关系。想想我们每天用快递寄送和接受到的东西，它是什么，与谁是寄件人，谁负责递送能有什么关系呢？再想想信息熵。信息的解读和意义跟信息发送者及其传输方式也没什么直接关系。光合作用需要光的刺激，但光并没有被保留、储存，而是作为 N 式反应必要的能量条件被转化了。刺激–反应式光合作用倒是完美地诠释了亚里士多德所说的营养功能——主动的、将非他之物转化为与他类似之物。这反应可一点也不被动，当然它也不神秘，更不需要设定灵魂这一实体。动物（包括人）的感知相比叶绿素的光合作用是远为复杂的活动方式。这里的反应者和活动者是有感知的生命体，而不是叶绿体。它要让我们获得关于外部世界的信息，那么它绝不可能是以刺激–传导–接受方式进行的。这方式本身也不成立，我们在现实中找不到它。

环境中充满了信息。我看到林子里飞出一只鸟。那只鸟的信息并不会从周边环境中自动抽离和孤立出来，形成一束信号，向我的眼睛单独地、一次性地发射和传导，若没有在中途丢失的话，最终被我的眼睛接受到。那样就没有任何信息。包裹、信号、能量，我们可以对之加以计数和度量。但它们都跟感知这种自然的生命活动无关。我们看到林子里飞出一只鸟，我并不是从某个地方收到一组信号，把它解码出来。不止我看到，我的宠物狗也看到了。它狂追一气，我原地不动。这只鸟可能还惊飞了同在一根树枝上的一群果蝇……

这只鸟的活动及其状态对它所处的那个生态环境中所有有感知的生物来说，都是公开的信息。但他们对这信息的获取和解读则完全不必符应这只鸟本身，或它之"所是"。这个所是或本身的设定根本就是冗余，还有点儿神秘。而信息之为信息则在于它永远关涉某个非他之物。它的意义不来自本身，也非得自对它的计数和度量，而来自它所指涉的那个东西。此外，包裹、信号会丢，信息却不会。信息不是东西，你无法测量其有无大小。如果我们把世界看作一个信息流而非某个凝结在空间中的永恒形式，那么要从永恒的信息之流中获取、辨识、区分和解读出何种相关于何物的信息，就取决于感知者、解读者和这信息所关涉的世界中的物事。信息与感知者之间不是发送者与接收者的关系。一边感知一边活动的感知者既是环境中种种信息的获取者和解读者，同时也是信息提供者。他时刻进行的新陈代谢、位置、交流等活动也在给他的捕食者、猎物、配偶、子女、伙伴提供信息。这就意味着感知牵连起的诸方并非所谓的世界本身和一个个静止不动的视角，感知牵连起的是众多既在感知同时也有待被感知的、处在不同圈层的生命体，由这些不同圈层的生命体的感知与活动以及其他诸种非生命活动不断塑造的一个变化和流动的世界。

在擂台、战场或捕猎场上，参与各方并不是要获取凝结在空间中的对象副本，他拿到这副本也不知道干什么用。各方连带着对自己和对方活动方式的感知（双方的速度、力量、远近等）来判断在这个场域中于自身有利的位置。感知带有两面性，对自身实力、活动的感知取决于对对方实力、活动的感知；反之亦然。感知具有相对性，它总是相对于这一个场域、这样的对手和此刻的自己。它需要时刻加以关注、解读和调整，是一个动态的过程。各方在感知、移动和活动的过程中一进一退地展开拉锯战，静候关键时刻的到来。只有在自由、开放、透明的信息流之中，各方如此这般的感知和活动才有可能发生。那么这自由、开放、透明的信息流又是如何可能的呢？它基于地球特殊的历史。

光合作用是地球上最重要、最基本的一种光生物化学反应，氧气是它产生的废料。这废料供给一切生命的有氧呼吸，有氧呼吸排出的二氧化碳又成为光合作用的原料。氧气迅速填满了大气层。水中冒出的氢气在未及逃往外太空之前先与氧气发生反应生成水，以雨的形式降落到地面和海洋，补充流失的水分。臭氧阻挡了紫外线的炙烤，让地球成为适宜居住的地方，这里只有温暖的阳光。这是自10亿年前生命开始用水做原料进行光合作用后，地球最基本的环境为大气、蓝天、海洋、布满生命的大地、诸种水系、四季、昼夜，而非充满灰尘、杂质、沙砾的混沌一片。约3亿年前，地球上的碳氧失衡，大量的碳元素被埋入煤炭沼泽，空气中的氧浓度曾一度上升到30%。它使得各类生物有机会长到超大尺寸，那时的蜻蜓大如海鸥，蜈蚣长至1米。这是氧气的功劳。有氧呼吸对能量的使用效率大约为40%，而其他形式的呼吸作用（如用铁或硫来代替氧气）的效率则少于10%。如果不使用氧气能燃烧和转化能量，"只消经过两层食物链，能量就会减少到初始能量的1%，而使用氧气的话，要经过六层食物链才会达到相同的损耗。换句话说，唯有有氧呼吸才能支撑多层食物链……猎食者只可以生活在有氧的世界，而没有氧气的话它们根本负担不起猎食生活"①。氧气不仅让大型有机生物存活，更重要的是让它们有可能出现。组成动物最重要的蛋白质，占全身蛋白质25%的胶原蛋白，"需要自由的氧原子把相邻的蛋白质纤维连接起来，让整个结构可以承受较高的张力"②。大型植物也需要氧气，用以合成木质素聚合物，以支撑其巨大、强韧的结构。"没有氧气就没有大型动植物，不会有猎食行为，不会有蓝天，或许也不会有海洋，或许就只剩下灰尘与细菌。"③

---

① 莱恩，尼克. 生命进化的跃升 [M]. 梅苃芒，译. 上海：文汇出版社，2020：69.
② 莱恩，尼克. 生命进化的跃升 [M]. 梅苃芒，译. 上海：文汇出版社，2020：69.
③ 莱恩，尼克. 生命进化的跃升 [M]. 梅苃芒，译. 上海：文汇出版社，2020：70.

普赖斯的知觉理论批判

　　数千万年以来，大气中氧浓度一直维持在21%，这就是我们所处的生态环境，我们的世界。相对于地球漫长的演化史，数千万年只是一个短暂的时期，但它是相对于我们的恒常。在这个恒常世界里，诸种生命是结构套结构的构成，小到树叶的叶绿体，大到平原、山脉、海洋，每一层都嵌套在其他层中，每一层都在与环境中的每一层互动，形成一个循环往复又彼此牵连的复杂网络。动物的感知并非获取信息的唯一方式，目遇、耳闻、鼻嗅的，不过是能量和信息流中极其微小的一部分。但这对有感知的生物来说，则是它们获取远距离信息以求生最重要、最基本的信息。这些信息是有结构的，而非碎片的。直立行走蕴涵着大地、引力、上下，也同时蕴涵着空气作为光、声音、气味得以传播的透明介质。我们生活在大地与空气之间的界面，使我们可以依据日出日落定出四方，并据身体活动定出前后左右。古老的四方、两极就是我们生活和活动的基础坐标。它不是几何空间中任意设定的一个坐标系，而是由大气、大地、太阳、引力、直立行走共同给出的。大气中发生的事情并非总是一成不变，有风、雨、雷、电、雪，有四季，我们需要一处居所来遮风挡雨。在地面上，不远的山林里有食物，某处有干净的水源。这是可被感知的最基础信息。它依据感知者的生活方式和所处环境的寻常节律，获得其意义和秩序。环境中的信息以其可供性（affordance）向感知者呈现，而非以对某物所是的表征或副本形式呈现。

　　在视觉中，原先只有所是（世界、事物本身）和现象（看起来如何）之分。前面提到，它基于理型（形式）-副本（模仿）的本体论设定。在抛开这一本体论设定之后，我们应该如何来理解视觉呢？空气是均质的，数千万年以来空气中的氧气含量都保持在21%。光在空气中瞬时传播。想象我们进到一间黑暗的房间，摸索着找到开关打开灯，整个房间顿时亮堂起来。光源照亮了每个角落，那实际上就意味着，光落到各种不透光的表面（天花板、地板、墙面、墙角、家具、书等），迅速向四面八方反射回来，这瞬间完成的光的交响曲形成一个稳定的明暗光阵。我们走进这个房间，一边走一边打量，光阵总体上保持不变的结构，又随着我们的行走而变动。我们在满布的散射光中看到整个房间的布局。空气作为介质是均质的，但房间里那些东西则不是。正因如此，一切才在光中得见。

168

后 记

  事实上，环境里的几乎所有物质都不是均质的，它们是异质聚合物。^①我们所熟悉的岩石、土壤、沙、泥、黏土、油、焦油、木材、矿石、金属，各种各样的植物动物，它们没有一个可以被简单分析为某个化学合成物，而是具有不同层级结构和组成的聚合物。我们提及这些东西的名称，就已经包含了对它们的区分，各自之所是。这所是里包含了肉眼可见的一物之所属（植物、动物、岩石、黏土）以及不同于它物之处。它们稳定地存在于环境结构之中，不是只有我们才能感知到，其他物种也能以自己的方式感知到。此外，布满大地的这些物质各个自有其独一无二的纹理和质地。这是由诸物复杂独特的聚合方式带来的。根据不同物质的用途，我们区分坚硬的、黏度高的、有韧性的、弹性大的、可塑性强的，区分毛茸茸的、光滑的、温暖的、冰冷的、丝滑的……这是在大气与大地之间的这个界面上，环境所提供的，同时也被我们看到（感知到）的可供性。

  若按安斯康姆对实体属性的区分，我们可以说一物之所属为描述该物的第一级谓词，是"实体谓词"（substantial predicates themselves），金子、石头、马……它独特的纹理、质地和与其用途相关的属性，那些活物的独特性状（温驯的、聪明的、敏捷的、彪悍的……）为第二级谓词，是"牵扯实体的"（substance-involving）的谓词。^② 颜色也可以包含其中，只要我们谈的不是影像式的、二维平面的色块，而是某个东西的色泽——一个人的脸色、气色，瓜果的色泽，这些也是牵扯实体的谓词。笼统地将颜色归入不牵扯实体的谓词，与亚里士多德谈论的平面、印文式颜色放入一类，实在引人误解。在我们的日常感知中，亚里士多德所谈的那类颜色是极为特殊的现象。因为我们的日常视觉经验中，某物之所是与其独特的纹理质地是一起被看到的，我们不可能脱开其纹理质地知道它是什么。而纹理质地里也包含着这物的色泽。笔者认为，笼统地将颜色、声音、气味、质感归入第二性质，又将第二性质都类比于亚里士多德式的颜色，实在笼统到了翰漫无边的程度。如此笼统的谈法，只能说明谈论者对感知活动与它所

---

 ① Gibson, J. J. The ecological approach to visual perception [M]. New York and London: Psychology Press, 2015: 15.

 ② Anscombe, G. E. M. Substance [J]. Proceedings of the Aristotelian Society, Supplementary Volumes, Vol. 38, 1964: 69-90.

经验到的世界本身并没有多少兴趣。当然,其中也隐含着对视觉影像化的误解,但我们在这里就不展开讨论了,留待以后吧。

总之,安斯康姆把与实体(物质)相关的属性谓词据其与该物的远近分成三个层级,这至少没有落入所是与看起来如何的二元窠白。但一级谓词和二级谓词的区分究竟是语言中的还是感知中的,则有待日后澄清。可以确定的是,相比于实际的感知及由感知而展开的活动,凝结在语言中的都只是二手的或次级的信息,它无法穷尽感知所获信息的丰富性。而第二性质与一级谓词和二级谓词的区分肯定不是层级上的,它本身基于一种特殊的理论假设和光学成像技术,是在另一条道路上的事情。它需要联系到影像(图像)视觉单独加以讨论。

最后,我们再来说说理解感知为什么如此重要。简单说来,这不只是要抵抗一种错误的形而上学,感知作为人类最重要的一种活动能力,实实在在地连接着我们与世界,规定着我们的生活方式。理解感知不仅能帮助我们理解远古之人,也能帮助我们理解自己,我们所生活的世界。是为记。